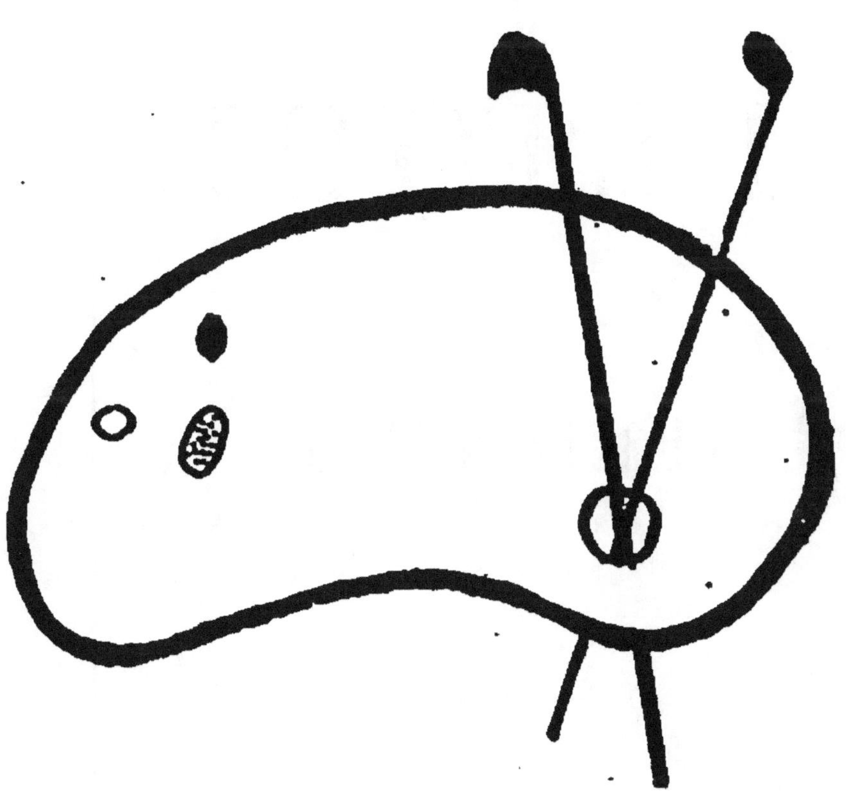

DEBUT D'UNE SERIE DE DOCUMENTS
EN COULEUR

SEVIN DESPLACES

AFRIQUE

ET

AFRICAINS

PARIS
LIBRAIRIE MARPON & FLAMMARION
E. FLAMMARION, SUCCʳ
26, RUE RACINE, PRÈS L'ODÉON

DERNIÈRES PUBLICATIONS

Collection in-18 à 3 fr. 50 le volume.

ARÈNE (PAUL) ET TOURNIER (A.)

Des Alpes aux Pyrénées. Illustrations et texte reproduits par la glyptographie Silvestre. — Couverture aquarelle de Toché . . . . . . 1 vol.

BIGOT (CHARLES)

Un Témoin des Deux Restaurations. — Edmond Géraud . . . . . 1 vol.

BORDONE (GÉNÉRAL)

Garibaldi (Portrait et Autographe) . . . . 1 vol.

DAUDET (ALPHONSE)

Port-Tarascon. Derniers exploits de l'illustre Tartarin. — Collection Guillaume illustrée . . . . 1 vol.

L'Obstacle. Pièce en 4 actes. — Collection Guillaume illustrée . . . . . 1 vol.

FLAMMARION (CAMILLE)

Uranie. — Collection Guillaume illustrée . . . . 1 vol.

GRANGIER (LOUIS)

L'Oncle Ernest . . . . 1 vol.

HACKS

La Mer. A bord du *Courrier de Chine*. — Illustrations de Fillol . . . . . 1 vol.

HUGUES LE ROUX

Au Sahara. Illustré d'après des photographies de l'Auteur . . . . . . 1 vol.

LANUSSE (L'ABBÉ)

Les Héros de Camaron . . . . 1 vol.

MAËL (PIERRE)

Mariage mondain . . . . 1 vol.

Amours simples. Roman . . . . 1 vol.

MENDÈS (CATULLE)

Le Soleil de Paris. Illustrations de Métivet . . . . 1 vol.

J. MICHELET

Rome . . . . 1 vol.

PRADELS (OCTAVE)

Les Desserts Gaulois. Illustrations de Fraipont . . . . 1 vol.

Robert Daniel. Roman . . . . 1 vol.

ROGER MILÈS

La Cité de Misère. Illustré par Bréauté, Lambert, Merwart . . . . . . 1 vol.

SACHER MASOCH

La Sirène. Romans de mœurs russes . . . . 1 vol.

SALES (PIERRE)

Beau Page . . . . 1 vol.

Chaîne dorée . . . . 1 vol.

SIMON (JULES)

Mémoires des Autres. Illustrations de Noël Saunier . . . . 1 vol.

Nouveaux Mémoires des Autres. Illustrations de Léandre . . . . . 1 vol.

TOLSTOÏ (LÉON)

Pamphile et Julius . . . . 1 vol.

De la Vie . . . . 1 vol.

Le Travail . . . . 1 vol.

VALDÈS (ANDRÉ)

Les Trésors des Vaincues . . . . 1 vol.

XANROF

Chansons à rire. Illustrations et musique . . . . 1 vol.

Pochards et Pochades. Illustré . . . . 1 vol.

PARIS. — IMP. C. MARPON ET E. FLAMMARION, RUE RACINE, 26.

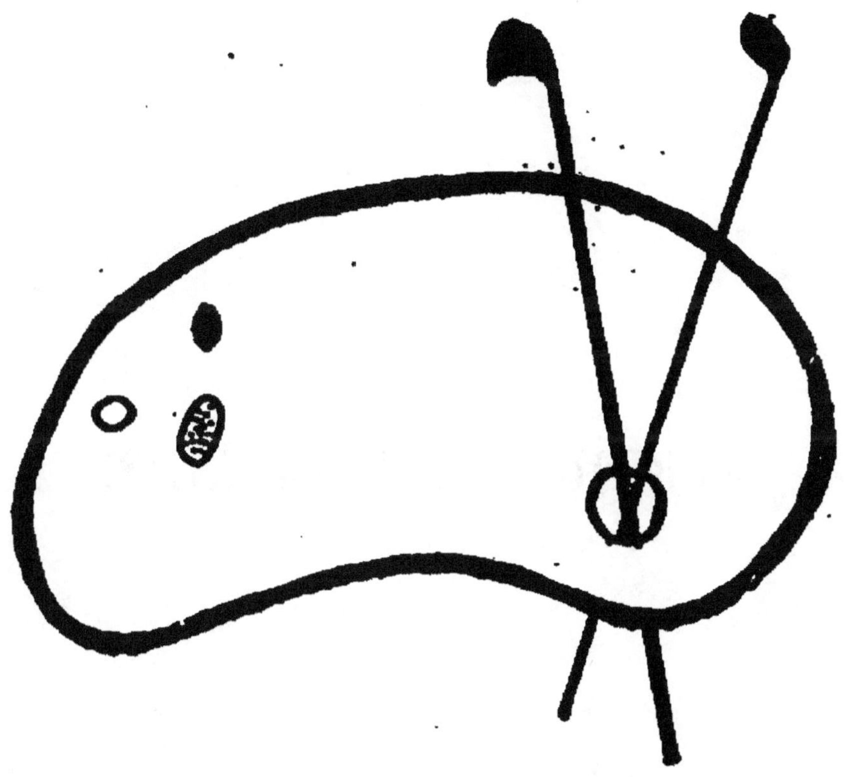
FIN D'UNE SERIE DE DOCUMENTS
EN COULEUR

AFRIQUE ET AFRICAINS

ÉMILE COLIN — IMPRIMERIE DE LAGNY

L. SEVIN DESPLACES

AFRIQUE

ET

AFRICAINS

PARIS

LIBRAIRIE MARPON ET FLAMMARION

E. FLAMMARION, SUCC^r

26, RUE RACINE, PRÈS L'ODÉON

Tous droits réservés.

A

Monsieur F. De Mahy

Député de la Réunion, ancien Ministre,
Vice-Président de la Chambre.

Sous quelque prétexte qu'un pays soit occupé par l'étranger, ami ou ennemi, celui-ci traîne toujours à sa suite le même cortége d'humiliations, d'arrogance, de vexations et de dévastations.

(D'Azeolio.)

Il faut ou gagner les hommes ou s'en défaire.

(Machiavel.)

AFRIQUE ET AFRICAINS

LE PARTAGE AFRICAIN

Le 8 octobre 1884, une Conférence internationale s'ouvrait à Berlin, sur l'initiative de l'Allemagne et de la France. Cette Conférence avait apparemment pour objet principal de régler, au mieux des intérêts de chaque puissance, les conditions les plus propres à assurer les destinées commerciales des territoires du Congo et à prévenir les malentendus et les contestations qui eussent pu résulter du nouvel état de choses créé par la constitution de l'État indépendant.

Pour la première fois, depuis les conceptions du dix-huitième siècle relatives à l'abolition de la traite, on jugeait à propos d'intervenir dans les destinées de l'Afrique par des mesures internationales.

Le voyageur Stanley, amplifiant le but de l'ancienne Société pour l'exploration de l'intérieur de l'Afrique, et donnant aux théories de Wilberforce une interprétation inédite, avait, au nom et pour le compte de S. M. Léopold II, roi des Belges, ouvert des horizons d'expropriation qui, dès lors, nécessitaient à la fois une réglementation des convoitises et une garantie pour les droits éventuels de chacun.

Ce fut ainsi que les membres de la Conférence de Berlin comprirent leur mission. C'est dans ce sens qu'ils dirigèrent leurs travaux.

L'Acte général est un contrat confirmatif du passé en même temps qu'il devait être un contrat de garantie pour l'avenir (1).

Mais nous savons déjà qu'en ce qui concerne l'avenir, ses dispositions n'ont été qu'illusoires.

La porte du continent africain avait été ouverte avec violence. Trop d'intérêts ne demandaient qu'à s'y engager pour qu'il fût possible de les discipliner. Des conventions, sollicitées par ceux-là mêmes qui avaient prétendu imposer des en-

_____

(1) Voir appendice. — *Acte général de Berlin*

traves à l'arbitraire, allaient déterminer une sorte de partage à l'amiable et achever de consacrer l'inanité de l'Acte général de Berlin.

Le 1er juillet 1890, l'Angleterre et l'Allemagne signaient un traité leur attribuant respectivement les territoires de l'Est-Africain (1) qui, depuis les premières explorations de Livingstone, avaient servi de point de départ en même temps que de principal théâtre aux tentatives les plus généreuses et les plus fécondes. Nous en savons quelque chose par les expériences concluantes de Bagamoyo et de l'Ouganda.

Ainsi, une des deux puissances qui avaient pris l'initiative de la Conférence de Berlin, au moment où l'allure de sa politique la poussait à rivaliser avec les autres sur le terrain colonial, s'associait avec l'Angleterre pour déchirer le pacte de 1862, conclu par cette dernière avec la France et qui assurait l'indépendance de Zanzibar. L'Allemagne qui, jusqu'alors, s'était bornée à des amorces de colonisation sur la côte occidentale, s'élevait, sans sacrifices préalables suffisants, à la hauteur des exigences de sa rivale et payait de sa complicité la faveur exceptionnelle du sort qui la rendait riche avant d'avoir risqué un capital.

(1) Voir appendice. — *Convention de Zanzibar.*

Cette interprétation inopinée d'actes antérieurs qui ne permettaient pas de la prévoir s'appelle communément la Convention de Zanzibar.

Elle marque la seconde phase de la conquête facile dont l'Afrique est l'objet depuis bientôt dix ans, comme la création de l'État du Congo avait marqué la première.

Entre temps, la décision internationale résultant de la Conférence de Berlin, et qui avait eu pour but d'instituer au profit de l'Afrique ouverte à tous une sorte de législation anticipée, était devenue lettre morte. La dernière barrière diplomatique avait fait place à des intérêts déterminés dont la mesure allait appartenir au plus fort, au plus riche ou au plus heureux.

Ainsi, d'une part, les initiatives de M. Stanley avaient mis fin à une contrainte qui avait jusqu'alors sauvegardé l'Afrique inconnue des conquêtes brutales.

Deux puissances, dont l'une avait plus particulièrement observé cette contrainte en conservant les apparences désintéressées de ses missionnaires scientifiques, et dont la seconde, avec des états de services infiniment moindres, prétendait égaler toutes les autres, avaient, d'autre part, suivi l'exemple donné par l'explorateur cosmopolite et

d'un seul coup, s'étaient affecté sur la carte africaine des royaumes respectifs dont il ne restait
plus qu'à concilier les contacts.

Telle fut, telle est encore la première partie du
partage africain auquel nous avons assisté depuis
la fin de 1890, après avoir d'autant plus méconnu
la naissance de l'État du Congo qui lui servit de
prologue, que l'Acte général de Berlin qui l'avait
sanctionné en 1885 avait été volontairement mal
compris et ne fut pas un instant observé par ceux
qui, en dehors de la France, du Portugal et de la
Belgique, n'avaient aucun intérêt à suivre ses
prescriptions. J'insiste dès maintenant sur l'importance de ce qu'a fait M. Stanley, parce que là
est vraiment l'origine de tout ce qui s'est passé
depuis 1885. La création de l'État du Congo, même
si elle a eu pour base un prétexte humanitaire, a
ouvert la porte à tous les périls. Ce qui n'est pas
douteux, c'est que les représentants des puissances
à la Conférence de Berlin ont suspecté, dès le
premier jour, l'édification de l'œuvre éclose sous
la haute responsabilité morale du roi des Belges,
et ont signé des dispositions préventives avec le
sentiment fort exact que M. Stanley allait avoir
des imitateurs.

Cette évolution officielle à l'endroit des destinées

probables réservées au continent noir est particulièrement curieuse. Elle n'ose pas s'affirmer nettement; car, à cette heure diplomatique de 1885,
on appréhende encore d'appeler les choses par
leurs noms, et les termes mêmes de l'Acte général
dénotent une affectation de souci généreux à l'é-
gard de l'Afrique.

De quoi s'agit-il en somme? Est-ce d'une partie
négligée du globe, en tant que territoires utiles à
l'expansion coloniale, ou bien de la patrie mystérieuse et sympathique de cette race noire que les
prévoyances géniales de certains économistes anglais avaient depuis longtemps assujettie à leurs
investigations? Est-ce d'asservissement ou d'affranchissement? Est-ce d'apostolat ou de conquête
commerciale? Le plus simple était peut-être d'accommoder ces deux aspects de la question, et c'est
ce qu'ont fait les auteurs de l'Acte général de la
Conférence de Berlin. Tout en ménageant les
théories accréditées du passé, ils ont réservé les
hypothèses de l'avenir.

Il semble, en effet, que l'initiative de l'explorateur Stanley n'a été, tout d'abord, qu'une mise
en œuvre des formules généreuses qui inspirè-
rent jadis les associations pour l'abolition de la
traite et pour la pénétration de l'Afrique centrale.

Mais, à l'époque où M. Stanley rééditait au continent noir les procédés des capitaines espagnols en Amérique, nous étions déjà loin de la mission de Mungo-Park et loin aussi de l'apostolat de Livingstone.

Le monde européen, rien moins que spéculatif, prit au pied de la lettre les révélations que lui apportait un courtier d'aventures et laissa entendre au monde africain qu'il avait besoin de le conquérir avant de songer à l'affranchir. L'esprit de conquête s'empara de ceux qui ne l'avaient pas. Les résolutions s'accentuèrent chez ceux qui avaient cru pouvoir réserver leurs projets; et chacun voulut sa part de cette proie oubliée qu'un précurseur improvisé avait désormais sortie du silence.

Pourtant, une voix s'éleva au seuil des conciliabules pour rappeler aux intéressés les serments de l'histoire et la morale de la conquête. Cette voix fut celle d'un Français, le cardinal Lavigerie.

L'archevêque d'Alger renouvela un jour sous sa responsabilité les théories humanitaires du dix-huitième siècle en faveur de la race noire et s'efforça d'en déduire un parallélisme de circonstance, avec l'arrière-pensée de mieux en assurer le succès par l'autorité du passé. L'économie de sa conception impliquait honnêtement l'accord des puissances intéressées en faveur d'une croisade contre la traite des noirs.

Malheureusement, il n'est si belle doctrine qui n'ait souvent le tort d'arriver trop tôt ou trop tard ; et celle du cardinal Lavigerie menaçait d'être opportune au moment où il devenait si facile de retracer à l'Angleterre le programme scientifique confié par elle depuis un siècle à ses explorateurs sous le couvert de la devise de l'abolition.

Sans doute, l'abolition avait eu sa période de culte, pendant laquelle le continent noir avait été partiellement parcouru au nom de la géographie. Mais, le jour était venu où la moisson, momentanément suffisante, permettait de faire bon marché d'une idéologie surannée.

L'Angleterre s'était avisée, dès l'avertissement résultant de la Conférence de Berlin, de suivre le conseil que Barth lui avait donné en 1850 en pénétrant au Soudan central par la voie de la Bénoué.

L'Angleterre avait trouvé du côté de la mer Rouge, à la faveur de coïncidences dont elle avait su tirer parti et près de dix ans avant qu'il fût question de la Convention de Zanzibar, la réalisation d'un rêve de conquête dont les résultats, quoique non officiellement acquis, lui constituent la plus effective des équivalences à la possession de l'Afrique orientale.

La même puissance, arguant d'intérêts connexes avec ceux de l'Allemagne, obtenait de celle-ci, par la Convention du 1er juillet 1890, des compensations dont les éléments venaient s'harmoniser stratégiquement avec ce qu'elle possédait déjà. Un peu plus tard, le Portugal et la France allaient combler ses vœux en lui donnant : le premier, ce qu'il ne pouvait empêcher qu'elle lui prît ; la seconde, ce qu'elle considérait flegmatiquement comme un inutile prétexte à conflits.

Que venaient donc faire les réminiscences d'abolition au milieu ou à la suite de tout cela ? M. Stanley n'avait-il pas déjà modifié les choses en se révélant, lui premier, explorateur d'affaires ?

Et le cardinal Lavigerie voyait non seulement sa parole méconnue ; mais il voyait aussi, quelques mois plus tard, une nouvelle conférence s'ouvrir à Bruxelles, sous la dénomination d'anti-esclavagiste, et dont le but véritable n'était pourtant que de discuter des tarifs de douane en faveur de l'Etat indépendant du Congo, cette autre et première conception soi-disant anti-esclavagiste !

La responsabilité reste donc pour les puissances

africaines ce qu'elle était avant le partage. Elle
est même plus grande et plus immédiate, puisqu'elles ont récolté le bénéfice du prétexte avant
d'avoir résolu celui-ci ; puisqu'on ne leur pardonnera d'avoir sacrifié un principe qu'à la condition
de l'avoir mis au nombre de leurs intérêts.

L'EXPLORATEUR STANLEY

Les explorations africaines ont été, au point de vue politique, autant d'amorces d'œuvres en réserve.

Je ne crois pas commettre un paradoxe en alléguant que celles de M. Stanley dans les parties inconnues du continent noir ont servi de prétexte à compléter toutes ces amorces.

Elles ont harmonisé des points de repère géographiques et forcé à se résumer toutes les espérances politiques, depuis le début des explorations.

Cette considération impose donc la tâche de les rappeler pour les commenter.

C'est le 21 mars 1871 que M. Stanley partit pour la première fois de la côte zanzibarienne. Il allait à la recherche de Livingstone. Le 10 novem-

bre, il arrivait à Oudjidji où il retrouvait le grand
explorateur anglais. Celui qui, depuis vingt-cinq
ans, accomplissait au sein de l'inconnu sauvage
et redouté sa mission silencieuse, allait mourir peu
de temps après, fermant l'ère des apostolats scientifiques et des sacrifices désintéressés ; et le lieutenant Cameron, de la marine anglaise, envoyé
par son pays pour rechercher à la fois le vieillard
et le jeune homme, celui-ci lancé au-devant de
l'autre pour satisfaire une haute fantaisie de re-
portage, allait voir sous ses yeux passer son ca-
davre que les noirs, en un élan de piété sublime,
rapportaient à la côte orientale pour le remettre
aux mains des blancs.

Le 17 novembre 1874, M. Stanley entreprenait
une seconde expédition.

Le 26 février 1875, après une série de combats
dans l'Itourou, au nord-ouest de l'Ougogo, il arrivait au Victoria-Nyanza, l'explorait et entrait dans
l'Ouganda, le royaume de M'tésa, par lequel il était
reçu avec une cordialité touchante et un cérémo-
nial étrangement grandiose.

Ce fut pendant que M. Stanley était l'hôte de
M'tésa que notre compatriote Linant de Bellefonds vint de la part de Gordon trouver le puissant monarque de l'Ouganda pour solliciter son

alliance. C'était la seconde fois qu'un ambassadeur venait ainsi, au nom des autorités égyptiennes, pour essayer de nouer des relations offi-
cielles avec M'tésa ; car le colonel Long était venu
l'année précédente. Pourtant, M'tésa, ce dispensateur de tant de royautés autour de la sienne ;
M'tésa qui parlait d'anéantir Mirambo avec cinquante mille hommes ; qui pouvait, avec moitié
moins, paralyser l'Ounyoro, ce foyer naissant
d'insurrection en faveur du mahdisme ; qui devait
ainsi faciliter la cohésion du Soudan égyptien en
empêchant peut-être ses désastres et la mort de
Gordon ; M'tésa resta sourd aux appels de l'Egypte.
Bien plus, Linant de Bellefonds fut peu de temps
après massacré aux portes de ce même Ounyoro,
alors que deux officiers anglais, MM. Watson et
Chippendale, accomplissaient paisiblement une
mission jusqu'à l'Albert-Nyanza.

Le 10 avril, M. Stanley quittait M'tésa et reprenait sa navigation sur le Nyanza. Il échappait par
miracle à l'hostilité farouche des habitants de
l'île de Bammbireh, arrivait le 5 mai à Kaghéhyi,
où il avait laissé son camp avec la majeure partie
de ses compagnons, y organisait une flottille et reprenait avec eux la direction de l'Ouganda où il
arrivait dans le courant de juillet, à la faveur d'une

colonne de secours que M'tésa avait envoyée à sa recherche.

Dès son retour, M. Stanley manifesta à son protecteur son intention d'aller explorer le lac Mouta-Nzigé, qu'on lui avait signalé à l'ouest du Nyanza, pour s'assurer si ce nouveau lac n'était pas en communication avec l'Albert-Nyanza. Son intention fut malheureusement contrariée par M'tésa qui engageait en ce moment la guerre avec les Vouavouma, insulaires d'Ouvouma et tributaires de l'Ouganda. Ce fut l'explorateur qui, à son tour, par son intelligente intervention, permit à M'tésa d'être vainqueur de ses ennemis. Il put alors, avec la réciprocité du concours royal, donner suite à son projet. Suivi d'une escorte nombreuse, il traversa l'Ounyoro et arriva au lac Mouta-Nzigé. Mais, les riverains du lac, alliés aux gens de l'Ounyoro, montrèrent des dispositions tellement hostiles que l'escorte de M. Stanley n'osa pas risquer le combat et battit en retraite, entraînant l'explorateur avec elle. Quelles conséquences aurait eu cependant pour les intérêts immédiats et futurs de l'Angleterre la spontanéité de M. Stanley, si celui-ci avait obtenu de M'tésa qu'il fît à ce moment la conquête de l'Ounyoro, affirmant ainsi l'alliance que Gordon-Pacha lui avait fait proposer?

A la suite de cet échec, M. Stanley ne revit pas M'tésa. Il lui écrivit pour le remercier et prit avec les siens la direction du Kaghera ou Nil-Alexandra. Grâce à l'excellent appui que lui donna le roi Roumanika, il put explorer le cours de cette rivière, toujours avec la pensée de fixer les sources du Nil.

De là il se dirigea vers le Tanganika, où il arriva le 27 mai 1876, et dont il explora longuement toute la côte Ouest.

Du grand lac, il gagna le territoire du Manyéma et se trouva pour la première fois en présence du fleuve qui, jusqu'à Nyangoué, point où s'arrêta l'explorateur, portait le nom de rivière Loualaba, mais que M. Stanley appela le Livingstone et qui ne devait bientôt porter qu'un seul et même nom, celui de Congo.

A Nyangoué, il signa un contrat avec Tippo-Tip, aux termes duquel celui-ci lui fournit une escorte considérable.

A la fin de novembre, il s'embarquait sur le Congo et commençait la descente de cette voie mystérieuse jusqu'à l'Océan. Le 22 décembre, après une série de combats meurtriers, il résiliait son contrat avec Tippo-Tip découragé et continuait sa route avec la seule escorte qu'il avait amenée du Tanganika ou, du moins, avec ce qui restait d'elle.

Le 4 janvier 1877, il rencontrait les premières cataractes, qu'il baptisait du nom de Stanley-Falls. Il mit vingt-deux jours à les franchir au prix d'un travail de géant. Puis, il rencontra l'embouchure de l'Arouhouimi, arriva à l'endroit qu'il appela plus tard Stanley-Pool et entra dans la zone des factoreries européennes et de la civilisation relative. Il avait, depuis son départ de Nyangoué, franchi près de 1,500 kilomètres de route fluviale et livré trente-deux combats.

Tant en canots que sur la terre ferme, M. Stanley accomplit le reste de sa tâche et, le 9 août 1877, soit deux ans et neuf mois après son départ de Zanzibar, il arrivait à Boma.

A ne considérer que la seconde partie de cette longue expédition, les résultats en étaient énormes. La première partie avait été employée à des recherches pour la solution du problème des sources du Nil, à l'exploration du Victoria-Nyanza et à celle du Tanganika. Mais, les travaux réalisés de ce côté, tout en ajoutant quelque appoint à ceux des prédécesseurs, ne sont rien comparativement à la reconnaissance du cours du Congo et à l'idée qui allait en jaillir.

Au commencement de l'année 1878, après quelques mois de repos, M. Stanley vit Sa Majesté le roi des Belges. Le président de l'Association internationale africaine avait désiré s'entretenir avec l'homme qui, par un coup de maître, venait de simplifier toutes les combinaisons en fixant les idées sur une zone déterminée où un grand fleuve allait pouvoir servir de véhicule au programme humanitaire et civilisateur que l'œuvre africaine voulait entreprendre.

Malheureusement ou heureusement, comme on voudra l'entendre, l'œuvre humanitaire disparut à ce moment derrière l'élan pratique des consciences en émoi; et, à la place de la raison sociale née en 1877 pour la seule poursuite de l'extinction de l'esclavage, on en vit surgir une autre sous cette dénomination : Comité d'étude du Haut-Congo.

M. Stanley fut nommé agent général de ce Comité et reçut la mission d'aller préparer sa mise en œuvre, autrement dit de lui assurer la possession des territoires qu'il désignait. Il partit pour la troisième fois.

Pendant cinq ans, cet homme extraordinairement doué fut un agent commercial en même temps qu'un administrateur merveilleux. Nous dirons plus loin ce que le Congo belge doit à son initiative.

Ajoutons pourtant que, dans les cinq ans qu'il

mit à fonder le nouveau royaume, il rencontra deux difficultés d'ordre différent avec lesquelles il fut obligé de transiger.

La première fut la légitime concurrence que M. de Brazza lui fit au nom de la France. La seconde fut la nécessité où il se trouva, pour ne point compromettre son œuvre, de subir ou, dit-on, de solliciter l'alliance de Tippo-Tip (1) qui, de son quartier-général de Nyangoué, menaçait de faire crouler à son début l'édifice de M. Stanley, en continuant sur les territoires annexés par l'agent général des Belges son œuvre effroyable d'esclavegisme.

La conférence de Berlin a résolu la première de ces deux difficultés en sanctionnant la priorité acquise et en laissant à la France sa part du bassin du Congo.

Le monde a absous M. Stanley du moyen par lequel il a résolu la seconde, car les syndicats d'affaires ont pris la place des comités humanitaires.

(1) Cette alliance fut consacrée en 1886, au moment de l'expédition entreprise pour aller au-devant d'Emin-Pacha, par le gouvernement des Falls donné à Tippo-Tip.

STANLEY ET ÉMIN-PACHA

Entre la création de l'État du Congo et la convention de Zanzibar prend place un fait important qui, tout en confirmant ce que j'ai dit plus haut à propos de M. Stanley, a eu pour la politique anglaise des résultats qu'on n'a peut-être pas suffisamment mis en valeur. Il s'agit de la fameuse expédition dont l'objet avoué était la délivrance d'Emin-Pacha.

Je crois qu'il convient, pour apprécier les justes conséquences de cet événement, d'en bien fixer d'abord les origines et de bien établir ce qu'il a servi à dissimuler.

Emin-Pacha était un des officiers de Gordon, et les provinces équatoriales, avec Wadelaï pour quartier-général, avaient été échues à son commandement. Il était, avec le loyal Ghessi, un des rares hommes qui crurent positivement à l'humaine grandeur de leur mission et entrevirent la possibilité d'amplifier le rêve d'Ismaïl-Pacha en donnant à l'Égypte non seulement un légitime accroissement de territoires, mais en ouvrant ceux-ci à la civilisation par l'extinction de la traite.

On sait comment la tragédie de Khartoum interrompit ce programme commencé. Gordon fut sacrifié aux ténébreux calculs de l'Angleterre, le Soudan égyptien fut abandonné aux mahdistes, et Emin-Pacha, que le gouvernement du Caire n'avait pas relevé de sa consigne, eut l'honneur de rester à son poste malgré qu'il fût privé de ses communications avec ses chefs. Pendant cinq ans, l'Angleterre attisa ce qu'elle appelle encore le foyer de l'insurrection, sans prendre aucune détermination concluante en faveur du salut du Soudan, se contentant d'une expectative égoïste et prudente, avec la pensée que la lassitude qui résulterait des choses faciliterait son but d'absorption. Ce but, elle en a préparé davantage encore la réalisation par son occupation de la Basse et de la Haute-Égypte depuis 1882. L'Angleterre, qui n'a pas prêté jadis ses officiers aux vice-rois pour la seule satisfaction d'aider à la découverte des sources du Haut-Nil et de combattre l'esclavage ; l'Angleterre, qui n'a peut-être sacrifié Gordon que parce qu'il avait pris au sérieux cette mission (1), a inscrit dans son programme la possession du Soudan égyptien et elle l'aura. Le jour où un assentiment arraché à la conscience fatiguée des chancelleries intéressées lui permettra de s'y maintenir, elle abandonnera l'Égypte, en y laissant cependant une semence d'intérêts qui, de long-temps, ne permettra pas aux vice-rois futurs d'entraver la jonction politique et commerciale de toute la vallée du Nil, depuis les provinces équatoriales jusqu'à Alexandrie. C'était, en somme, l'idée grande d'Ismaïl-Pacha. Les Anglais la réaliseront à leur profit.

Donc, Emin-Pacha était resté à la tête de sa province et laissait se dérouler derrière lui des événements auxquels il ne prenait point part et qui demeuraient pour lui sans effet. Il en résultait une sorte d'indépendance qui pouvait, à un moment donné, devenir une garantie de reconstitution du Soudan égyptien, au double point de vue de l'autorité maintenue et de la valeur stratégique.

Le pire était, d'autre part, qu'Emin-Pacha,

(1) J'aime mieux supposer cela que de croire à la complicité de Gordon.

édifié sur toute impossibilité de raccordement avec l'Égypte, sacrifiât ce qu'il avait considéré jusqu'alors comme sa responsabilité à un rêve d'ambition et conçût l'idée de descendre au centre africain au lieu d'en remonter; envahissant lentement, progressivement et avec les moyens qui sont familiers à son tempérament, les provinces de l'Albert-Nyanza pour, de là, tendre la main aux efforts de ses compatriotes allemands du côté de l'Est-Africain. Cette dernière perspective n'était cependant qu'illusoire; car, à ce moment du moins, il était bien loin de la pensée d'Emin-Pacha, galvanisé dans sa sublime patience, de dévier de sa consigne militaire (1). Mais, le fait seul qu'après la débâcle suscitée par les mahdistes une province restait encore acquise à l'autorité du khédive devenait un objet de souci pour les Anglais, parce que ce pouvait être une menace dans l'avenir. L'ancien Soudan égyptien, une fois débarrassé des derviches et réclamé comme une possession britannique en compensation de prétendus services passés, il pouvait se faire que la province d'Emin devînt un argument de refus ou, dans tous les

(1) Emin-Pacha revient aujourd'hui à sa première pensée. Il est parti en avril 1890 du littoral de l'Est pour retourner dans son ancienne province et, en mai 1891, il était déjà sur la rive S.-O. de l'Albert-Nyanza.

cas, que sa conservation autorisât des dispositions qui sauvegarderaient dans une certaine mesure les intérêts de l'Égypte. Mais, la province d'Emin touche au lac Albert et à l'Ouganda. Elle tient les sources du Nil, commande la route des grands lacs et aussi celle de Mombaz, ce débouché merveilleusement approprié sur l'Océan Indien (1). Il était donc nécessaire d'avoir cette province; et, comme il n'appartenait à personne autre qu'au khédive de relever Emin de sa consigne, que le khédive ne le voulait pas encore et que l'Angleterre ne le pouvait pas, un cri de pitié fut un jour poussé par celle-ci, dont l'écho se répercuta de pays en pays, jusqu'à devenir impératif. L'opinion générale fut qu'il fallait délivrer Emin en péril, et un Comité se forma pour préparer l'accomplissement de ce grand devoir dont l'exécution fut confiée à M. Stanley.

Le 8 mai 1887, M. Stanley quittait Londres avec mission du Comité d'aller au-devant d'Emin, de l'arracher à la situation pleine de dangers dans laquelle il devait se trouver et de favoriser son

(1) Le sultan de Zanzibar venait, à la même époque, de céder à l'Angleterre ce port de Mombaz, avec 250 kilomètres de côte. Cette amorce avait été précisément choisie avec une pensée de raccordement aux provinces équatoriales.

retour en Europe. Voilà quel était le but senti-
mental et superficiel de la mission (1).

Voici ce qu'il était en réalité.

L'Angleterre, dissimulée derrière le Comité de
délivrance, avait chargé M. Stanley de faire à
Emin-Pacha une des trois propositions suivantes :

L'abandon des provinces équatoriales par ordre
du khédive ;

L'offre du roi des Belges d'accepter Emin-
Pacha en qualité d'agent de l'État du Congo, si
celui-ci s'engageait à faire payer audit État des
impôts par ses provinces ;

L'offre de la Société anglaise de l'Afrique orientale, disposée à prendre Emin-Pacha pour commissaire spécial, si celui-ci pouvait garantir à ladite Société le droit de négoce dans les provinces
équatoriales.

Emin-Pacha refusa nettement chacune de ces
trois propositions, mais céda au mouvement de
retraite déterminé chez ceux qui l'entouraient
par l'arrivée tapageuse de M. Stanley, et revint
avec lui à la côte orientale. Les protestations tardives qu'il fit entendre, une fois débarrassé de

(1) Un seul homme avait sans doute pressenti la vérité, le
D Peters. On sait que lui aussi allait au-devant d'Emin. Il
reçut brusquement l'ordre de revenir sur ses pas, et son expédition fut désavouée.

l'impression de surprise où l'avait plongé son enlèvement par l'agent de l'Angleterre, n'eurent d'autre effet que de changer en certitude l'hypothèse exprimée dès le premier jour par ceux qui avaient pressenti dans l'expédition de M. Stanley autre chose qu'un simple acte de délivrance dont la raison d'être n'était rien moins que démontrée. Elles n'empêchèrent pas le fait accompli, dont le résultat était de replacer les provinces équatoriales dans les mêmes conditions que les autres territoires du Soudan égyptien. C'était tout ce qu'avait voulu l'Angleterre.

Il serait puéril d'insister sur la première des propositions que M. Stanley avait faite à Emin-Pacha, au point de vue de la responsabilité du khédive que son texte paraissait engager.

Il est certain que la seconde de ces propositions, si elle eût été acceptée par Emin-Pacha, venait en contradiction avec la première, puisqu'elle mettait, au moins temporairement, les provinces équatoriales sous la dépendance de l'État du Congo, sauf à devenir plus tard l'objet d'un marché entre celui-ci et l'Angleterre maîtresse du Soudan égyptien.

Il n'est pas douteux que la troisième proposition, engageant Emin-Pacha par un contrat commercial avec la Société anglaise de l'Afrique orientale, préparait à l'Angleterre un terrain de revendications comme ses autres compagnies de colonisation nous en ont offert maints exemples depuis deux ans.

Dans tous les cas, l'Angleterre réalisait, à terme ou immédiatement, ce qu'elle désirait : la cohésion, sans solution de continuité, des territoires égyptiens qu'elle prétend conserver, avec les territoires dont elle se ménage également la possession, du lac Albert à sa colonie du Cap.

MORALITÉ

De toutes les missions, dites d'exploration, qui, depuis vingt ans, ont été accomplies en Afrique, il n'en est pas qui aient donné des résultats plus féconds et plus immédiats que celles dont M. Stanley a été l'auteur. On peut, on doit même déplorer amèrement la manière dont elles ont été remplies. La hautaine violence qui a caractérisé chacune d'elles ne s'écartait pas sensiblement des procédés employés par les marchands d'esclaves ; et cela se passait aux lieux mêmes où la chasse à l'homme est pratiquée avec le plus de rigueur. C'est au point qu'on est surpris que M. Stanley, se lançant à l'aventure avec des forces armées comme jamais voyageur pacifique n'en eut à sa disposition, n'ait souvent fait acte d'autorité que pour vaincre des résistances étrangères à ses projets, ou n'ait transigé avec ces résistances qu'au risque de compromettre ces mêmes projets. C'est ainsi qu'au moment où il va au devant de Livingstone on le voit soutenir les Arabes contre Mirambo, ce Bonaparte nègre, comme il s'est plu à l'appeler (1). C'est ainsi que, plus tard, on le voit solliciter et obtenir au besoin contre les mêmes Arabes le concours de Tippo-Tip, ce métis aventurier aussi suspect que Mirambo.

Remueur d'hommes, il le fut! mais, il semble l'avoir été bien plus à la manière de ces tyrans asiatiques dont les impérieux caprices firent édifier jadis des monuments de leur gloire au prix des existences de toute une génération, tellement la grandeur de leurs ruines témoigne d'efforts pour les élever. Il ne paraît pas qu'il ait troublé les solitudes ou bouleversé les populations, qu'il ait désorienté les consciences ou discipliné les esprits, pour semer sur sa route la parole de liberté, encore moins la parole de paix.

On aurait le droit de porter sur M. Stanley un jugement définitif et inflexiblement sévère en vertu des nécessités de l'histoire, si ce précurseur avait eu la destinée commune à tant d'autres et si

(1) La fille de ce Mirambo a épousé un Anglais nommé Broyon.

des événements subséquents n'étaient venus après lui dissiper les inquiétants frissons provoqués par son passage. Mais, la prise de possession étrangère a suivi de trop près son œuvre pour qu'il en soit resté trace. C'est tout au plus si, au Congo belge, cette création essentiellement personnelle, subsiste encore son empreinte. Pourtant, ce sont des Zanzibarites, ces compagnons dépaysés par lui, qui y représentent à peu près seuls le souvenir d'une organisation éphémère et basée sur la crainte plutôt que sur la persuasion.

A la côte orientale, les noirs disaient de lui : « Limatendelé n'a que du plomb et pas de lait. » Ils ajoutaient même : «Ce doit être un M'Deutschi (Allemand). » En un mot, on disait de lui : «C'est un kali (un méchant) ! »

C'est, en effet, une des conclusions à tirer des voyages de M. Stanley qu'ils apparaissent surtout à la froide imagination comme une victoire remportée sur des dangers exagérés. M. Stanley, marchant au milieu d'un appareil militaire qu'aucune expérience ne justifiait et se présentant à nos regards, dans le calme de ses repos, environné de dispositions défensives, comme si du sol même où il fixait sa tente avait pu jaillir un poignard meurtrier, nous semble pénétré d'un sentiment qui, si respectable qu'il soit, s'associe mal, dans son excessive sincérité, avec la volonté de ne pas détruire.

Les critiques exprimées sur M. Stanley ne sont pas inutiles, car son œuvre de science lui assure devant l'histoire une responsabilité considérable, et il importait d'en fixer le caractère. Mais, on ne peut davantage ne pas lui accorder qu'en brusquant, comme il l'a fait, la marche des événements, il a obligé ses mandants et ses continuateurs à devancer l'heure de leurs devoirs ou de leurs intérêts et à donner publiquement le tableau de leurs résolutions. Il était peut-être dans les destinées du Continent africain de ne succomber que sous d'insidieuses atteintes. On s'était plu trop longtemps à ne voir en lui qu'un terrain de missions préparatoires, et son immensité permettait de s'attarder sur le sort à lui donner. Paisiblement, on attendait le jour où la corrélation des travaux accomplis, avec ou sans méthode, sur instructions déterminées ou au gré de leurs auteurs, permettrait aux intéressés de choisir leurs voies. L'Angleterre même, si sagace toujours, n'avait fait que pressentir les siennes. La France, comme à l'ordinaire, manquait de clairvoyance; le Portugal vivait d'instincts coloniaux bien plus que de combinaisons; l'Italie palpitait entre les regrets et les espérances; l'Espagne se contentait d'un coin au soleil, et l'Allemagne se demandait encore par quelle énorme proie susceptible d'en valoir la peine elle innoverait sa concurrence avec les autres.

M. Stanley a eu la bonne fortune de mettre fin aux oublis, aux hésitations et aux ignorances. Au lendemain de son initiative, la Conférence de Berlin légiférait sur les dangers qu'elle croyait devoir résulter de son exemple; et au lendemain de la conférence de Berlin, les peuples, entraînés dans une irrésistible impulsion d'envahissement, se hâtaient d'oublier leurs dispositions de la veille pour n'avoir pas à s'accuser de les trahir; et, pour la première fois, soumettaient à leurs conseils diplomatiques la question du partage de l'Afrique.

A ce moment, M. Stanley reprenait sa place au régime ordinaire des choses.

AVANT LA CONVENTION DE ZANZIBAR

La Conférence de Berlin a été le premier chapitre de la nouvelle histoire africaine, comme les expéditions de M. Stanley et sa création de l'Etat du Congo en ont été la préface.

Entre cette première phase d'évolution et la convention de Zanzibar, qui marque le second chapitre de cette nouvelle existence, trouvent place des incidents qu'il importe de récapituler.

En 1884, au cours de la Conférence, l'Allemagne prend possession du territoire du Togo, simple amorce entre l'Aschanti des Anglais et le Dahomey de nos rêves en même temps que de nos peines ; du territoire de Luderitzland, extension compensatrice de la solitude d'Angra-Pequena, en échange de la baie de Sainte-Lucie revendiquée par les

Anglais; de celui du Cameroun, dans le golfe de Biafra, équivalence de la vallée du Bénin pour accéder au Soudan central et du Congo français pour le même but; un peu plus tard, enfin, dans le dernier mois de 1885, des territoires de Porto-Seguro et Petit-Popo, en compensation donnée par la France d'avoir failli être dépouillée l'année précédente d'une partie du littoral de ses Rivières du sud, par suite d'une distraction géographique du docteur Nachtigal.

En 1885, l'Allemagne, représentée par une compagnie de colonisation, achetait sur la côte orientale les territoires de l'Ousegoula, du Ngourou, de l'Ousagara et de l'Oukami. Ces territoires étant soumis à l'influence, sinon à la juridiction du sultan de Zanzibar, celui-ci protesta. Le 11 août 1885, un *ultimatum*, à lui présenté par une escadre allemande, mit fin à la contestation.

De son côté, l'Angleterre consolidait, en 1884, son établissement de Lagos sur la côte de Guinée, ainsi que ceux du Bas-Niger et de la Bénoué; prenait contact avec les territoires de Sokoto, fondait sa Royal-Niger-Company et, par les conventions spéciales de 1885 et 1886, enfermait l'Allemagne dans le Cameroun.

La France, se sentant plus à l'aise, affirmait sa

suprématie dans la Régence de Tunis par le décret du 23 juin 1885; régularisait, en attendant mieux, sa situation avec Madagascar par le traité amiable du 17 décembre 1885, et plaçait les Comores sous son protectorat en 1886.

L'Italie, seule, manquant peut-être de sagacité, cédait à l'entraînement général ou à quelque insinuation intéressée, prenait possession de Massaouah, s'installait sans conteste à la baie d'Assab et essayait d'équilibrer sa patience en perspective de l'Abyssinie qui refusait ses présents.

Ce qu'il y a de particulièrement intéressant dans tous ces événements, c'est qu'ils se succèdent avec un esprit de méthode parfaitement caractérisé. L'Allemagne s'y montre habile. Ses choix bien résolus dénotent un sentiment de la stratégie coloniale qu'on ne s'attendait pas à rencontrer chez elle, jusque-là novice en la matière. Ce n'est pas inconsidérément qu'elle a posé sa lourde main au Bénin, au Biafra, puis à côté du fleuve Orange. Elle a trouvé là des voisinages susceptibles de lui donner des espérances. Ce n'est pas non plus sans raison qu'elle a cherché un établissement à la côte zanzibarienne. C'est un point d'appui sérieux dans l'Océan Indien et une équivalence appréciable à la grande île française de Madagascar.

Mais là, cependant, elle a commis une faute officielle, alors que l'opinion particulière de ses coloniaux prétendait la lui éviter. Ses marins et ses voyageurs lui avaient signalé Mombaz, avec sa rade immense. Un autre des siens, et non des moins intelligents, le docteur Peters, lui avait signalé l'Ouganda et les deux lacs Albert et Victoria, sans doute avec l'arrière-pensée de Mombaz. Elle s'est pourtant laissé prendre Mombaz et l'Ouganda, comme elle s'est laissé enlever l'Île de Zanzibar ; et ce, par l'Angleterre, que ses tâtonnements eussent menée loin si l'Allemagne n'était venue lui susciter des frayeurs par la coïncidence de ses désirs avec les siens.

Car, si l'Angleterre, du côté occidental, et pendant l'année même où se tenait la Conférence de Berlin, s'était hâtée de prendre une place exclusive au Bas-Niger et à la Bénoué pour avoir le droit de commenter l'Acte général conformément à ses intérêts, elle ne croyait pas que l'allure des événements du côté oriental dût l'obliger à précipiter ses résolutions. A ce moment, la question égyptienne était encore tout pour elle. Elle lui subordonnait tout. Ses injustes démêlés avec les Portugais du côté du Zambèze et du Chiré n'indiquaient même pas qu'elle eût l'intention immé-

diate d'en faire davantage. Elle sait attendre quand
elle croit pouvoir ne pas se presser. Mais la politique allemande en Afrique orientale n'était pas
pour la rassurer. Non seulement elle exprimait
des intérêts à côté des siens, mais elle l'obligeait
à prendre des précautions. Si M. de Bismarck
avait refusé, en 1888, d'autoriser l'appui matériel
du capitaine Wissmann en faveur de la fameuse
expédition pour la délivrance d'Emin-Pacha, le
docteur Peters n'en avait pas moins essayé de rejoindre son compatriote pour le compte de l'Allemagne ; et le docteur, malgré le désaveu infligé à
sa mission, n'en représentait pas moins l'opinion
germanique, puisque celle-ci osa accuser le chancelier d'avoir sacrifié pour l'Angleterre les intérêts
allemands.

Il résulta de cette attitude que l'Angleterre sut
arracher à l'Allemagne le bénéfice de ses débuts
et qu'elle occupe aujourd'hui dans l'Est-Africain
une position qui n'avait pas été préparée pour
elle.

Il vint cependant un moment où, malgré de
nouveaux traités signés avec le sultan de Zanzibar
par l'Allemagne et l'Angleterre, ces deux puissances se sentirent gênées dans leurs projets à la
côte orientale. Ce qui avait été fait jusqu'alors ne

s'était appliqué qu'à une zone indécise ; mais ce qui devait se faire plus tard pouvait s'étendre à des territoires dont la prise de possession devait exciter des réclamations encore plus énergiques, appuyées qu'elles seraient certainement par une chancellerie intéressée. Il existait, en effet, depuis 1862, une déclaration signée par la France et l'Angleterre qui garantissait l'indépendance de Zanzibar. Le gouvernement allemand offrit d'adhérer à cette déclaration, mais à la condition qu'une commission serait d'abord chargée de délimiter les territoires du sultan sur la côte orientale, pour savoir jusqu'où devait aller sa garantie d'indépendance. La France et l'Angleterre acceptèrent cette proposition, la seconde de ces puissances sachant fort bien qu'elle n'avait rien à y perdre.

Une commission de délimitation fut donc désignée, dont les travaux ne furent terminés qu'en juin 1886. Ses conclusions reconnaissaient au sultan de Zanzibar une autorité souveraine sur les territoires continentaux, dans une proportion telle que le commissaire allemand refusa tout net de s'incliner devant l'opinion de ses collègues et ne se gêna pas pour dire que leurs conclusions n'étaient dictées que par la fantaisie. Il résulta de cette absence de respect de la chose jugée une nouvelle confusion bien étrange des droits et des devoirs de chacun. La compagnie allemande voulut tout simplement annexer de nouveaux territoires. Mais, comme ceux-ci étaient gouvernés par des représentants du sultan qui n'étaient eux-mêmes que des offi-ciers anglais, l'Angleterre, pour en finir avec un état de choses dont elle tenait désormais la solution au même titre que l'Allemagne, annexa d'a-bord pour son propre compte une partie des terri-toires convoités par les Allemands. Les ports de Mombaz et de Mélinde étaient du nombre; et c'était à quoi elle tenait le plus avec la route con-duisant de ces deux points à l'Ouganda et à l'Albert-Nyanza. Elle eut soin, d'ailleurs, dans l'accord qui intervint, le 26 novembre 1886, entre elle et l'Allemagne, de faire réserver toute la partie qui s'étend entre la côte et ces deux points, avec le Kilimandjaro pour jalon.

A part cela, les Allemands obtinrent à peu près tout ce qu'ils voulurent; ce qui était à la fois beaucoup et très peu, car ils désiraient davantage dans l'avenir, sans oser le spécifier encore. Un traité, signé le 31 décembre de cette même année 1886 entre eux et le Portugal, fixa leurs limites au sud de leurs nouvelles possessions. Puis, ils lais-sèrent à leurs différentes Sociétés de colonisation, qui se multiplièrent à partir de cet instant, le soin de combler les lacunes laissées par la convention du 26 novembre, en étendant le plus possible les intérêts allemands sur les territoires que cette convention avait mal délimités, à l'encontre des convoitises ou des projets formellement arrêtés de l'Angleterre.

Malheureusement, les Sociétés de colonisation ne firent pas grand'chose. Les populations annexées répondirent par des hostilités à la tutelle qu'on leur imposait, et l'influence allemande fut forcée de s'établir à coups de fusil.

Entre temps, l'Italie, poussée par l'Angleterre, prenait pied à la côte Somali (1889) et l'Angleterre préparait son protectorat du sultanat de Vitou, voulant ainsi exclure l'Allemagne du voisinage italien.

Quelque chose manquait cependant à cet ensemble de dispositions : un équilibre géographique à peu près définitif.

Mais, il importait, pour réaliser cet équilibre, d'achever la liquidation zanzibarienne, de dissiper de ce côté toute équivoque et tout prétexte à conflit, de bien établir, enfin, les positions de chacun. Ce fut l'objet de la Convention de Zanzibar, à la date du 1er juillet 1890.

Les puissances contractantes y dépassèrent cependant les limites ordinaires de la conciliation. Car elles ne s'appliquèrent pas seulement à régler des sujets de contestations qui les intéressaient directement ; elles mirent en cause, par action reflexe, des intérêts étrangers dont les possesseurs ne furent même pas admis au droit de les défendre opportunément. Tel fut le cas du Portugal ; tel fut le dédaigneux oubli pratiqué à l'égard de la France.

Celle-ci, toutefois, ne laissa pas que de protester au nom de la justice méconnue par la violation des conventions antérieures qui avaient prétendu garantir l'indépendance de Zanzibar. L'Angleterre fut directement et exclusivement mise en cause, on ne sait pourquoi, puisque l'Allemagne, qui avait déclaré, en 1886, adhérer à l'accord anglo-français de 1862 avait, de ce chef, engagé sa responsabilité au même titre que son alliée.

Il est vrai que notre protestation avait d'abord sa raison d'être dans la nécessité de faire entendre au sultan de Zanzibar que nous n'étions pour rien dans le dépouillement dont il était victime. Cette satisfaction donnée à l'honneur était un devoir pour la France ; de même qu'elle n'aura pas à se reprocher d'avoir reçu quoi que ce soit des biens de celui dont elle avait voulu garantir jadis l'indépendance.

Mais, en échange de l'acquiescement que la force des choses l'obligeait à accorder à l'Angleterre et à l'Allemagne, elle avait le droit, s'inspirant de l'économie inédite de la Convention de Zanzibar, de profiter de l'occasion que lui offrait celle-ci pour exiger de l'Angleterre une sorte de récapitulation préventive à l'endroit des territoires de cette puissance qui touchaient aux nôtres. C'est ce qu'elle fit ; et une Convention, du 1ᵉʳ août 1890, qui ressemble singulièrement à l'accord préliminaire de 1886 entre l'Allemagne et l'Angleterre, intervint entre notre gouvernement et le gouvernement britannique.

Il est juste de noter que de la Convention de Zanzibar et de celle du 1ᵉʳ août 1890 qui lui fait suite, ni l'Allemagne ni la France ne se montrèrent satisfaites ; la première, parce que les espérances que lui avait laissé conserver l'accord de 1886 ne s'étaient pas réalisées, parce qu'elle avait fait beaucoup de sacrifices depuis cette époque et n'en avait pas récolté les fruits ; la seconde, parce que l'Angleterre ne lui avait concédé que ce qu'elle possédait déjà avec quelques milliers d'hectares de sable en plus. Il n'avait pas été question d'influence acquise là où, précisément, il y aurait eu lieu d'en tenir compte. L'Angleterre avait renouvelé à l'égard de la France l'argumentation développée par sir Mallet à la Conférence de Berlin et s'était bornée à justifier les nouvelles prises de possession qu'elle faisait à notre détriment par les prétentions de ses marchands. Le principe des Compagnies de colonisation triomphait contre nous au Soudan occidental comme il avait triomphé des Allemands à la côte orientale, alors que l'Allemagne officielle avait eu le tort de discréditer ses initiatives commerciales et privées pour leur substituer les soldats du major Wissmann.

« Il est dur, disait le docteur Peters à ses compatriotes, après avoir lutté et souffert pendant des mois pour un but aussi louable, de se voir abandonné et d'être forcé de renoncer à tout alors que le but est atteint. » Ces paroles mélancoliques de l'explorateur tenace et clairvoyant résumaient la pensée d'un grand nombre d'Allemands.

APRÈS LA CONVENTION DE ZANZIBAR

Quelle était donc la situation respective de chaque puissance africaine après la Convention de Zanzibar, tant au point de vue des sacrifices dépensés que des services rendus ?

La France avait reconstitué socialement, au profit de la race latine, le bassin de la Méditerranée.

Rivée par droit de conquête salutaire au nord africain, elle étend à l'est et à l'ouest de ses quatre provinces ses mains libératrices, et, depuis soixante ans, poursuit une œuvre d'adaptation pour laquelle elle a prodigué son sang et son or.

Elle est en présence d'une race fière, indomptée sinon indomptable, dont les deux éléments principaux, Arabes et Berbères, vont se mêlant par delà les solitudes sahariennes aux groupes noirs de l'Occident, du Centre et de l'Orient ; sont parfois courtiers de guerre et plus encore de commerce et de paix. A ses flancs vivent et meurent, entêtés dans leur fatalisme, deux royaumes d'Islam, le Maroc et la Tripolitaine ; celle-ci aux mains des Turcs et des marabouts, le premier aux mains d'un empereur dont le prestige s'en va. Mais la Tripolitaine luttera pour son indépendance, comme elle l'a défendue jadis contre ces mêmes Turcs qui sont aujourd'hui ses protecteurs et ceux de ses marabouts, et le Maroc tombera sous l'influence dissolvante de l'Europe pour appartenir à qui saura le prendre.

La France peut attendre paisiblement cette double éventualité.

Elle n'a pas fait œuvre de haine, mais d'initiation civilisatrice. Derrière ses soldats sont venus ses paysans qui ont vaincu la terre d'Algérie, ses savants qui en ont mis les richesses en valeur. Elle s'est imposé la tâche d'associer à son existence la race la plus avancée de l'Afrique et, par cela même, la plus redoutable.

Avant toute autre nation, elle a proscrit l'esclavage jusques dans les sphères les plus reculées de son influence. Elle a laissé ses explorateurs s'aventurer jusqu'à l'horizon meurtrier où la bête fauve elle-même ne peut plus vivre, pour avoir le seul droit d'y assurer le triomphe de sa générosité en arrachant la goutte d'eau bienfaisante au sol déshérité.

A ceux qui prétendent ou espèrent que sa conquête est imparfaite ; que ni ses soldats, ni ses paysans, ni ses savants, ni ses explorateurs n'ont vaincu l'âme de la résistance algérienne ; que les prophètes y sont vivants et saints pour nous maudire et que des générations grandissent avec l'enseignement de la haine contre notre pouvoir, nous dirons qu'ils se trompent dans leurs calculs, faute de réfléchir ou d'aimer la bonne foi.

La conquête européenne sur le musulman ne prouve, en effet, à celui-ci que le triomphe de la force sur le droit. Donc, il subit la force et croit à l'avenir de son droit. Mais, il ne faut pas oublier que sa religion synthétise ce droit, c'est-à-dire la vie économique et le régime social autant que la vie politique ; c'est-à-dire des intérêts autant que des sentiments. Or, les intérêts et les sentiments se concilient parfaitement chez l'Arabe, sans qu'il ait besoin de sacrifier les uns aux autres et réciproquement. Nachtigal s'est trouvé au Borkou avec des bandits, des pillards de caravanes, qui ont essayé de le convertir à l'Islam.

Si donc la France ne peut espérer dominer le sentiment de l'Arabe, elle a le droit d'espérer qu'elle sera maîtresse et dispensatrice de ses intérêts. C'est ainsi que toutes les religions peuvent s'appuyer les unes sur les autres. Et cette considération doit suffire pour ne nous faire attacher qu'une médiocre importance à un état de rivalité religieuse qui n'est, d'ailleurs, généralement exploité chez l'Arabe que par des ambitieux ou des individualités qui ne vivent que des intérêts des autres.

A l'extrémité sud-ouest de son Sahara et baignant ses côtes dans l'Océan Atlantique, la France avait déjà son Sénégal et ce qu'on est convenu d'appeler les dépendances de celui-ci, jusques et y compris des territoires en Guinée, sauf enclaves étrangères dont nous parlerons tout à l'heure.

Que si elle avait suivi depuis une quarantaine d'années les efforts multipliés de l'Angleterre, elle aurait pu profiter des renseignements rapportés par ses explorateurs ou les voyageurs à sa solde. Barth a formellement indiqué, lui premier, la voie du Bas-Niger et de la Bénoué pour atteindre le Soudan central. Interprète des intérêts anglais, il a signalé le chemin qui lui a paru le plus court. Il n'est pas douteux qu'il a pressenti ce que nous aurions pu faire du côté de la vallée du Sénégal et des Rivières du Sud. Mais, on peut trouver étrange que la France n'ait pas eu le sentiment des rivalités futures, alors que celles-ci s'accusaient déjà, à l'époque où le voyageur allemand donnait ses conseils et exprimait même son appréhension en ce qui concerne la région saharienne du Touat.

Cette absence de prévoyance, dont la France éprouve aujourd'hui le préjudice, suffit à la justifier de tout reproche d'âpreté. Elle a pris possession de l'ingrat littoral sénégalais, du riche terroir des Rivières du Sud et du sol plein de promesses du Haut-Fleuve dans un sentiment de stratégie coloniale dont on ne saurait contester l'évidence et qui est tout à l'honneur de ceux qui l'ont pratiqué. Mais, c'est là l'explication de ses retards, elle n'a jamais accordé opportunément aux initiatives individuelles qui se sont exercées avec ce sentiment l'amplitude de sa sanction nationale. Elle a laissé, le plus souvent, les individualités concevoir leurs programmes sans en concevoir avec elles les résultats, sans s'associer, en un mot, à l'économie de leurs projets. Pendant qu'au contraire le plus humble des citoyens d'Angleterre a toujours vu ses plans et ses propositions relatifs au bien colonial devenir immédiatement propriété de sa nation.

C'est que, depuis plus d'un demi-siècle, l'Afrique occidentale a été pour la France le douaire mal réputé où on n'allait jamais, dont on ne s'occupait pas et dont on ne disait que du mal. On le conservait par égard pour des ascendants qui s'y étaient intéressés. On en parlait à l'occasion des curieux qui avaient voulu le voir de près et avaient rapporté sur le climat des analyses sensationnelles qui donnaient le frisson et, sur les noirs, des jugements hâtifs et dédaigneux qui faisaient rire.

Cette façon de voir et d'exprimer a sensiblement changé depuis quelque temps.

Mais, la France n'en a pas moins laissé s'édifier près d'elle, à sa porte, une œuvre du Soudan qui a compromis la sienne. Je dirai plus loin en quoi peut et doit désormais consister son rôle.

Du côté oriental, dans le couloir de la mer Rouge, elle a, pour les mêmes motifs qui lui ont fait négliger ses intérêts du côté occidental, recueilli peu de chose pour beaucoup d'efforts. Elle possède le territoire d'Obock, dans lequel on a eu le tort de ne voir qu'un point stratégique en opposition à l'Aden des Anglais, alors qu'on y devait voir davantage. Le littoral d'Obock est une porte ouverte sur le Soudan oriental, un point de contact avec l'Abyssinie, cette anomalie caucasique sur la route même des migrations noires. Le peu que la France a récolté sur cette côte est, plus qu'ailleurs, disproportionné avec les sacrifices de ceux qui ont semé pour elle. Plus qu'ailleurs, donc, l'iniquité des répartiteurs coloniaux a méconnu ses droits; car, si elle avait moins qu'au Soudan occidental à faire prévaloir des intérêts économiques acquis, on avait à lui tenir compte de la priorité de ses tentatives pour ouvrir cette partie de l'Afrique à l'influence européenne, et plus encore de la priorité de ses traités. Ce devait être un de ses moindres titres à la considération des autres puissances (1).

Heureusement, elle a recueilli avec Madagascar

(1) C'est à la fin de 1890, je crois, que Ménélik offrit une fois de plus et formellement à la France d'acquiescer à son protectorat, ne lui demandant en échange qu'un point de la baie de Tadjoura, Sagallo ou Djibouti, pour assurer le libre débouché du commerce du Choa sur la mer Rouge. La France refusa.

Il y a cependant lieu d'observer que quelques mois plus tard, le 10 avril 1891, Ménélik adressait aux puissances une lettre-circulaire dans laquelle, en exposant les limites de l'Ethiopie, il revendiquait le territoire de Djibouti comme devant être compris dans ces limites.

une compensation probable à ce qu'elle a perdu sur le continent. La grande île de l'Océan Indien, équivalence tardive à la puissance grandissante des colonies anglaises du Sud africain, contre-poids opportun à la force naissante des colonies acquises par l'Allemagne depuis la convention de Zanzibar, n'a pas à redouter les difficultés de voisinage qui sont la pierre d'achoppement de tous les territoires continentaux.

Lorsqu'il s'était agi de la Tunisie, le gouvernement français, quoique résolvant à son heure une nécessité géographique dont l'éventualité avait été depuis longtemps examinée par tous ceux qu'intéressait le moins du monde l'avenir de l'Afrique française, avait rencontré des résistances d'opinion qui n'avaient pas été sans discréditer l'expédition organisée pour appuyer nos droits.

Lorsqu'il s'agit de Madagascar, l'opinion publique, sans plus d'expérience préalable, s'associa spontanément aux décisions du gouvernement. C'est qu'une sorte de légende existait sur la grande île ; légende édifiée sur des traditions de sacrifices de la part de la France et sur des souvenirs d'iniquités supportées par elle. On savait qu'il ne s'agissait point de conquête nouvelle mais de res-titution; et quelque chose ressemblant fort à un sentiment d'honneur national inspirait les critiques des plus profanes.

La mise en demeure exprimée à qui de droit par notre gouvernement, à la suite de la Convention de Zanzibar, mise en demeure stipulée dans les préliminaires du traité du 1er août 1890, eut pour effet de faire reconnaître officiellement par l'Angleterre les droits que nous avions exprimés sur Madagascar et dont elle s'était plu à encourager la contestation par ses nationaux.

L'abandon des prétentions de notre rivale sur un territoire convoité par elle depuis si longtemps lui paraissait une compensation légitime en retour de ceux qu'elle venait de prendre en Afrique.

La même puissance donnait cependant encore à la France une longue bande de terrain partant de Saï, sur le Niger moyen, pour aboutir à la rive nord-ouest du lac Tchad. Ce territoire forme à la fois la bordure méridionale du Sahara et la bordure septentrionale des pays de Sokoto et Bornouans. L'Angleterre s'enfermait ainsi politiquement dans des territoires où ses voyageurs et ses marchands ont tenté depuis longtemps de faire prévaloir son influence (1), pays riches d'ailleurs, mais dont les

(1) C'est en vain qu'une mission anglaise, qui s'est rendue à Kouka en octobre 1890, a essayé d'en rapporter un traité avec

limites d'accessibilité européenne sont encore indécises du côté de l'est; et laissant à la France, grisée par le mirage du Tchad, les steppes sahariennes pour y arriver (1).

Voilà ce que devenait l'ensemble des possessions franco-africaines, revues et augmentées, au lendemain de l'accord anglo-français du 1er août 1890.

En quoi consistait d'autre part le prélèvement effectué par l'Angleterre?

Tout de suite et pour ne pas y revenir, nous allons résumer son œuvre d'annexion jusqu'à cette époque avec les réserves que même la Convention de Zanzibar laisse subsister.

L'Angleterre pourrait diviser son histoire africaine en trois périodes. La première comprend son occupation des territoires du sud avec le Cap pour point d'appui. Elle y commande l'ancien passage de l'Atlantique à la mer des Indes.

La seconde se rapporte aux dispositions que suscite chez elle le percement du canal de Suez.

le cheik du Bornou. Celui-ci a déclaré à M. Ch. Macintosh, chef de la mission, qu'il ne traiterait avec aucune puissance européenne. Voilà qui nous éloigne encore davantage du traité de commerce signé par Barth, le 31 août 1852, avec le cheick du Bornou pour le compte de l'Angleterre.

(1) Six millions 200,000 kilomètres carrés, dont environ un million en sable.

Tous ses efforts tendront désormais à commander ce nouveau passage qu'elle ne jugeait qu'à demi dangeréux depuis longtemps. C'est dans ce but qu'elle a poursuivi ses tentatives sur l'Egypte ; et c'est dans l'incertitude où elle est de conserver celle-ci qu'elle s'est assuré la possession de son Soudan.

La troisième exprime à la fois une exagération des craintes que lui a fait concevoir notre occupation de Madagascar et son intention d'édifier à la sortie du Bab El Mandeb une position stratégique et commerciale de premier ordre pour contrebalancer les influences française et allemande, sur la route de l'Inde, de la Chine et de l'Australie.

A ne juger la politique coloniale anglaise que d'après ses résultats, nous accordons volontiers à notre grande rivale un impeccable génie. Elle sait surtout profiter des fautes des autres, de leurs hésitations et de leurs tendances pour les prévenir. Elle a par-dessus tout encore un sentiment de conservation qu'explique sa situation géographique disproportionnée avec ses besoins et ses ambitions. Elle a les dernières pour protéger les premiers. Elle multiplie les premiers pour exciter les secondes chez ses enfants. Elle a sa raison d'être par les colonies. Sans elles, elle meurt ; comme l'aigle à qui le sort interdirait d'aller chercher au-delà des stériles rochers où il a suspendu son aire sa nourriture et celle de ses petits.

Ainsi, tous les mouvements des peuples sur le globe l'intéressent et l'inquiètent, parce qu'ils entraînent avec eux un déplacement économique dont les effets peuvent troubler ses dispositions et diminuer ses ressources prévues.

L'Afrique était pour elle une réserve qu'elle a ménagée longtemps, comme tout le monde d'ailleurs. Et puis, son peuple de marchands ou de théoriciens ne répugne pas à laisser préparer par d'autres les voies où il a dessein de pénétrer plus tard. Elle a eu de tout temps des éclaireurs : explorateurs merveilleux, comme ce Mungo Park qui, seul sur les flots du Niger, couvait les horizons du Soudan de ses regards de géographe affamé de curiosité ; comme ce Laing, exclusivement chercheur de problèmes commerciaux du Maroc à Timbouctou ; comme l'Allemand Barth, qui explora politiquement pour elle et scientifiquement pour son pays ; comme ce doux Livingstone, apôtre sans caution, que l'admiration universelle a béatifié dans Westminster bien plus que les calculateurs de Manchester ; comme Stanley, enfin, exécuteur anonyme de ses hautes œuvres, et tant d'autres après.

. Elle a encore des missionnaires religieux qui, par la manifestation des deux sexes et l'éloquence de leur progéniture, expriment une théorie sociale avant de l'exposer par la parole.

Non seulement tous les mouvements des peuples sur le globe l'intéressent et l'inquiètent; mais elle met ses efforts à s'y opposer lorsqu'elle le peut; elle agit pour en annuler les résultats ou les faire tourner à son profit lorsqu'elle croit sauvegarder de cette manière l'avenir de ses intérêts.

Elle a protesté lorsque la France a conquis l'Algérie. Elle a protesté lorsque la France a percé l'isthme de Suez (1). Dans le premier cas, elle a cédé devant l'énergie de notre langage; dans le second, elle a mis en œuvre tous les éléments de sa diplomatie. Elle a ensuite tenté la conquête de l'Abyssinie, opération sans résultats parce qu'elle ne lui a pas permis de se constituer, comme elle en avait l'intention, une base d'opérations dans la mer Rouge en prévision des projets que la Russie annonçait, à cette époque, du côté de l'Asie. Plus tard son intervention contre Arabi valait mieux. Elle s'y donnait un rôle d'arbitre en faveur des puissances créancières de l'Egypte et aucune

(1) Scientifiquement, pour amener la France à en faire, seule, les frais.

d'elles n'osait lui prêter le concours de sa participation pour n'avoir pas à prendre la responsabilité de l'indemniser de ses services. Elle sait, d'ailleurs, régler ses comptes elle-même. Elle l'a prouvé en occupant l'Egypte (1) et, plus encore, en se préparant la possession du Soudan oriental. Si elle évacue la première (2), on peut être sûr qu'elle conservera le second.

Il n'est pas sans intérêt de rappeler à ce propos ce qui se passait à la Chambre de commerce de Londres, il y a quelques mois.

M. Russell, qui a séjourné pendant douze ans, tant à Souakim que dans d'autres localités de la mer Rouge, exposait devant un auditoire recueilli ses idées sur le Soudan égyptien. Il a été frappé, a-t-il dit, des remarquables qualités des indigènes

(1) Voir à l'appendice la Convention commerciale signée le 29 octobre 1889 entre l'Angleterre et l'Egypte.

(2) Il faut rappeler, au sujet de cette occupation de l'Egypte par l'Angleterre, le très caractéristique rapport de Sir E. Baring sur les finances égyptiennes pour l'année 1889. Ce rapport est daté du 2 février 1890. On y lit ceci :

« Au point de vue financier, l'année 1889 est indubitablement la plus satisfaisante dans l'histoire de l'Egypte; mais, pour assurer le développement matériel du pays dans l'avenir, il est absolument nécessaire que l'armée anglaise continue d'occuper le pays et que l'influence anglaise, qui dépend beaucoup de la présence de l'armée d'occupation, continue à prédominer. »

et « son expérience personnelle lui a appris, dans plusieurs circonstances, que s'ils sont traités avec une justice un peu sévère ils s'y confient cependant en toute sécurité. »

M. Russell a protesté contre la reprise du Soudan par le gouvernement égyptien. Il s'est appliqué à représenter le gouvernement du khédive comme un foyer de corruption. Partant de là, il ne pouvait moins faire que de parler du sort des territoires abandonnés.

Or, a dit à ce sujet M. Russell, quel but devait se proposer le gouvernement de la Reine du jour où, après la défaite de Hicks Pacha, il avait assumé toutes les responsabilités en intervenant militairement? On a d'abord proposé l'abandon de l'E-gypte, et pendant plus de huit ans on n'a rien fait pour ressaisir une autorité déposée volontaire-ment. « Aucune tentative n'a été faite sous le contrôle de l'Angleterre pour établir une autocratie ou une démocratie, ou encourager une fédération de tribus dans l'intérêt de la paix. Au contraire, pour des raisons impénétrables, de graves que-relles ont surgi entre les tribus, amenant une dé-plorable anarchie et causant un préjudice consi-dérable non seulement au commerce du Soudan mais à celui de tout le Royaume-Uni. Le gouvernement égyptien n'a jamais essayé de s'assurer l'affection et le respect des populations, et, aujourd'hui que la supériorité des Arabes est bien prouvée, nous pouvons croire que le Soudan ne se soumettra pas de nouveau au pouvoir égyptien. »

M. Russell parla ensuite de la fertilité des provinces soudanaises et dit que le coton pouvait y être partout cultivé. Il y a lieu d'escompter aussi la gomme, l'ivoire et les plumes. Malheureusement, les Soudanais manquent de stimulant à la culture dans leur état actuel d'anarchie. Le mieux serait de construire le chemin de fer de Souakim-Berber. Puis, il faudrait imposer une forme de gouvernement fédératif sous la direction d'une Compagnie anglaise avec charte. Cette Compagnie subventionnerait les cheicks et emploierait les tribus à la construction et à l'entretien de la voie ferrée. Ce plan satisferait l'intérêt de tous en assurant la tranquillité et en achevant de dissiper la puissance éphémère du Mahdi qui, présentement, n'est déjà plus qu'un mythe.

Telles furent les idées exprimées par M. Russell.

Dans cette même séance de la Chambre de commerce de Londres, elles devaient recevoir une confirmation dont on ne saurait méconnaître l'autorité.

Un membre, M. W. Fox, émit d'abord un vœu qui peut se résumer ainsi : « Le gouvernement de S. M. prendra des mesures pour mettre fin à l'état d'anarchie au Soudan et y établir le commerce anglais. » Il parla ensuite des efforts « qui ont été faits pour amener la pacification du Soudan et déclara que ce qui manquait maintenant était une fédération des diverses tribus entre le littoral de la mer Rouge et le Nil. » Puis, ce fut là le *clou* de la séance, il lut une lettre de Sir Samuel Baker qui avait espéré pouvoir assister à cette assemblée. Sir Samuel avait jugé par expérience le pays et le peuple soudanais pendant son séjour et déplorait profondément la fausse politique du gouvernement qui avait abandonné le pays. Personnellement, il avait toujours décliné la responsabilité de produire aucun mouvement susceptible de causer des risques pécuniaires aux intéressés ; mais il lui paraissait absurde d'abandonner un pays où de si merveilleuses œuvres avaient déjà été accomplies. Les Arabes sont d'une race belle et brave. « Ils deviendront les véritables amis des Anglais quand la confiance sera une fois établie. Cette confiance viendra par l'assurance que l'Angleterre prendra possession du pays et y restera. Jusqu'à présent, nous n'avons rien fait pour que les Arabes se fient à nous. Nous n'avons eu à leur égard qu'une politique criminelle; nous les avons trompés en leur donnant l'assurance d'une évacuation de l'Égypte et de Souakim, et chaque pas que nous avons fait semble avoir détruit l'intention des Anglais de devenir les amis des Arabes ». Sir Samuel a soutenu ardemment le projet d'un chemin de fer de Souakim au Nil. Il affirme que si cette œuvre était entreprise par une Compagnie indépendante et bien garantie e obtiendrait la confiance des Arabes et qu'ils se convertiraient « en amis par le commerce quoiqu'on en ait fait des ennemis par l'épée. »

A la suite de cette opinion de sir Samuel Baker, le général Haig a pris la parole, pour dire qu' « il n'est pas question que l'établissement d'un chemin de fer de Souakim à Berber soit d'une nécessité absolue si un gouvernement fort est établi à Khartoum. Ce gouvernement, pour être efficace, maintiendrait les tribus sous son contrôle pour que les Arabes ne puissent se liguer. Sans gouvernement ferme, ce serait impossible. Le général considère tout plan qui s'appuierait sur une fédération des tribus arabes comme impraticable. Il aimerait à voir le gouvernement anglais, ou le gouvernement égyptien assisté par les officiers anglais, prendre possession du pays; il croit que cette politique serait bien accueillie des Arabes. Nous pourrions procéder tout d'abord, dit-il, en envoyant une force militaire peu importante et la laisser pour montrer que nous sommes venus pour rester; ou bien, nous pourrions attendre que la puissance du madhi, déjà bien affaiblie, ait disparu complètement, et alors commencer notre œuvre. Quels que soient, d'ailleurs, les événements, l'œuvre sera entreprise ! »

Que ne suit-on d'un peu plus près, en France, les séances de ce genre, pour en tirer les justes conclusions qu'elles comportent!

L'Angleterre tient doublement les clefs de la mer Rouge.

Elle ne les abandonnera pas.

Une seule crainte a pu la troubler dans l'accomplissement de toutes ces choses. L'opinion publique en France avait semblé un instant se prêter aux analyses coloniales. Une orientation nouvelle du sentiment national, déjà mis en éveil par les événements d'Égypte, pouvait amener notre gouvernement à des tentatives d'extension du côté de la mer Rouge et surtout de l'Abyssinie. L'Angleterre jeta l'Italie en travers de ces appréhensions. La petite sœur latine occupa Massaouah et la baie d'Assab et fit bientôt connaître à l'Europe qu'elle allait devenir la grande protectrice de l'Abyssinie (1). Le pire est qu'elle croit peut-être encore à la réalisation possible de son rêve, autrement dit à la sincérité des conseils de sa grande alliée·

Celle-ci a désormais chassé les craintes qu'elle avait conçues. La France est enfermée par l'Italie dans le territoire d'Obock (4), et a signifié son indifférence pour l'Abyssinie.

L'Italie, qui avait certainement pris sa mission au sérieux, et je crois que l'intérêt de la France était de ne pas la contrarier sur ce chapitre, a

(1) Trois fois, sans doute, les politiques italiens qui ont dirigé la conduite de leur pays du côté de la mer Rouge ont cru avoir trouvé le moyen de résoudre la question éthiopienne. Ce fut d'abord en s'appuyant sur les résultats que semblaient avoir amenés les négociations du comte Antonelli avec Ménélik, du Choa. Encore fallait-il que Ménélik pût vaincre le Tigré. Il ne le put pas. M. Crispi conçut ensuite quelque espoir dans la marche du général Orero jusqu'à Adouah. On sait que cette expérience ne rencontra que des désaveux en Italie, en même temps qu'elle fut compromise par l'abandon des projets de Ménélik sur le Tigré. L'Italie crut enfin à l'entente avec l'Angleterre pour une action commune contre les derviches. Il en fut fortement question un instant. Mais l'Angleterre estima sans doute que son alliée se ferait payer trop cher, et l'entente n'eut pas lieu.

(2) La mission du capitaine Bottego accomplie en pays Danakil, de Massaouah à Assab, du 2 au 26 mai 1891, n'est qu'une expérience d'extension sur des territoires que nous ndre derrière nous,

échoué dans ses tentatives et subira, sous prétexte d'amour-propre national, la tunique de Nessus que l'Angleterre lui a fait endosser sur l'îlot de Massaouah.

Dans le cas peu probable, enfin, où des velléités tardives s'empareraient de la France à l'égard de l'Abyssinie, l'Angleterre sait qu'elle a mis à côté de nous une rivale et qu'entre l'Italie et la France elle aura toujours la ressource de jouer le rôle du troisième larron.

L'Erythrée toute seule n'est qu'une possession sans valeur, même avec la limite du Mareb. Obock et l'Abyssinie l'immobilisent. Du côté du Tigré, l'Italie avait pensé s'étendre. A 200 kilomètres de sa frontière est Kassala, sous la même latitude que Khartoum et clef de la province du Sennaar. Par Kassala, les Italiens prendraient à revers l'Abyssinie. Malheureusement, tous leurs efforts pour occuper ce point échouaient récemment encore devant les résistances des diplomates anglais.

Les essais de colonisation africaine de l'Italie, que ses deux cent mille nationaux qui vont annuellement se fondre au milieu des autres peuples sauveront un jour de la mort, ne sont pas plus pour la décourager que bien d'autres essais tentés par d'autres puissances. Il y a place pour tout le

monde au soleil du continent noir et, bien autrement que la Belgique, l'Italie a témoigné depuis
longtemps qu'elle était à la hauteur de la lutte à
y soutenir. Encore faut-il que ce ne soit pas en
vain. Elle a précisément ce qui manque à tant
d'autres : un monde de petits travailleurs laborieux et constants, sobres et économes, que la
seule absence d'une organisation coloniale préalablement étudiée a empêché jusqu'ici de constituer
des groupements nationaux avec possession territoriale effective (1).

Mais, avec ou sans groupements, on n'impro-
vise pas la colonisation. Elle exige des nécessités
géographiques et économiques en proportion avec
l'état géographique et économique de la métropole. J'ai dit pourquoi l'Angleterre était nécessairement et fatalement coloniale. Il n'est pas besoin
de démontrer pourquoi l'Amérique n'a que faire
de l'être. Il serait facile d'établir que l'Allemagne
ne sera jamais en Afrique une puissance colo-

(1) Le Dr Nerazzini, qui est allé en mission dans l'Harrar,
a précisément signalé ce territoire à ses compatriotes comme
le seul où ils pourraient entreprendre des exploitations agricoles. Ce qui n'a pas empêché, d'ailleurs, le capitaine Bandi di
Vesme d'être expulsé du Harrar, où il arrivait à fin de mission
dans les derniers jours de mai 1891, et ce, par le ras Ma-
konnen, représentant du roi Ménélik.

niale qu'à la condition d'y déverser le trop-plein de sa population. Il est tout aussi aisé de prouver qu'après l'Angleterre la France est la plus impérieusement obligée d'avoir des colonies.

Or, l'Italie est assurément de celles qui devraient en avoir. Faute d'avoir su pressentir opportunément cette nécessité, elle s'expose à des erreurs dans le choix trop tardif de ses expériences, ou à des duperies dans la démonstration trop inconsidérée de ses désirs.

La récapitulation des intérêts allemands en Afrique est plus intéressante. Tard venue aussi dans la colonisation, elle a du moins témoigné une science rétrospective qui l'a immédiatement assimilée à ses aînées. J'ai dit la très grande valeur stratégique des points où elle a fixé son pavillon. Pourtant, là encore, elle est destinée à subir la défectuosité de son passé en matière coloniale.

Au Togo, l'inflexible logique de nos dispositions pourrait lui barrer la route du Niger. Ce devrait être fait si la question du Dahomey eût été comprise à son heure. Le Togo pourrait n'être qu'une terre sans avenir, étouffée sous la double étreinte de ses voisines. Le Cameroun ne devrait être qu'une enclave inutile, concurrente impuissante

de la France et de l'Angleterre (1). Le Luderitzland est condamné, dorès et déjà, à mourir de l'é-
troitesse de ses horizons sur qui pèseront les
limites des possessions anglaises.

L'Est-Africain est le plus clair de son domaine.
Mais, elle y a été dépouillée de ses ports, sauf de
Bagamoyo ; et l'île de Zanzibar, citadelle anglaise,
surveillera son littoral autrement que ne le fera
Fernando-Po, sentinelle espagnole, devant son
Cameroun.

Elle lutte pour la co-propriété des grands lacs ;
mais elle lutte aussi pour la propriété exclusive
des territoires qu'elle s'est donnés entre eux et
l'Océan Indien. Car elle s'y meut en plein foyer
arabe, au milieu de populations surexcitées déjà
par l'explorateur Stanley, et plus que jamais dis-
posées à la résistance, alors que les voies commerciales du centre à la côte, qui furent jadis pour
elles des sources de vie, sont aujourd'hui taries
par l'Etat libre du Congo et par l'Angleterre elle-
même, soucieuse de tout drainer de son côté (2).

<hr>

(1) Par ses traités avec l'Adamaoua, l'Angleterre vient encore de circonscrire les limites du Cameroun allemand.

(2) Le *Colonialblatt* (octobre 1891) a publié la liste des décès
survenus en 1890 et 1891 parmi les troupes coloniales allemandes. Il y a eu 163 décès en 1890, dont 35 officiers de

Enfin, sa destinée sera de subir au même titre que les autres la prépondérance stratégique anglaise à l'entrée de la mer Rouge, ce passage qui devrait rester neutre et qui ne l'est pas.

Plus qu'ailleurs, l'Allemagne est en position d'expérimenter la meilleure des formules de colonisation Africaine. La plus sûre garantie d'existence qu'elle puisse donner à son nouveau bien est d'en pacifier les habitants, de les vaincre par la patience et l'enseignement du travail, de les discipliner par les besoins modestes que leur susciteront les gains de leurs labeurs, de les socialiser dans le but commun d'une fédération agricole. En dehors de ces prétentions et de ces devoirs, l'Allemagne ne se prépare que des mécomptes. L'Afrique noire sera un pays agricole ou elle ne sera pas. Là seulement est l'avenir régénérateur de sa race pendant des siècles.

Il me reste à dire quelques mots de la situation du Portugal et de celle de l'Espagne.

Le premier fut, avec nos marchands dieppois, le précurseur de l'Europe en Afrique. A une époque où le généreux Las Casas n'avait pas en-

l'armée, 16 de la marine, 5 médecins et 107 sous-officiers. En 1801, il y a eu 122 décès, dont 21 officiers, 10 médecins, 33 sous-officiers, et 33 officiers payeurs, sergents d'administration, etc.

core signalé à ses compatriotes le continent africain comme un lieu de recrutement propre à
fournir des travailleurs en remplacement des
Caraïbes décimés (1), le Portugal égrenait déjà
ses courtiers jusqu'aux grands lacs.

Dès le dix-septième siècle, il connaissait le
Nyassa. Une carte portugaise de l'Afrique australe, signalée récemment, autorise à l'affirmer (3).

(1) Je rappelle, à propos du reproche qu'on adresse à ce
sujet à Las Casas, que 20.000 noirs furent, en 1857, trans-
portés du Gabon par nos soins, pour repeupler les Antilles.

(2) Dans une notice de M. Gabriel Marcel, bibliothécaire à
la Bibliothèque nationale, notice communiquée à la Société
de Géographie par M. Ludovic Drapeyron, et intitulée : *Les
Portugais dans l'Afrique australe, le Tchambèze, source du
Congo, découvert par les Portugais*, des documents concluants
sont fournis à l'appui des droits historiques des Portugais en
Afrique.

« Le plus précieux de ces documents est une carte manus-
crite qui, d'après l'écriture, l'orthographe et la nature du
papier, remonte aux vingt dernières années du dix-septième
siècle. Il est douteux, rapporte M. Marcel, qu'il existe, même
en Portugal, une carte plus ancienne et plus détaillée de
l'Afrique australe. Elle fait partie d'un recueil de cartes
gravées ou manuscrites provenant d'un géographe français,
l'abbé Michel-Antoine Baudrand, mort en 1700.

» Devenu la propriété de l'abbaye de Saint-Germain-des-
Prés, ce recueil fut, après la Révolution, transféré à la bibliothèque du Tribunat, dont il porte le cachet, et se trouve actuellement à la Bibliothèque nationale, section de géographie,
sous le n° 388. La carte en question du Monomotapa mesure

Ce sont les Portugais qui, en 1859, donnèrent à Livingstone les renseignements nécessaires pour sa première exploration (1).

҉ Comme ceux qui ont en mains des éléments de fortune et n'en savent pas tirer parti, le Portugal a excédé d'inertie son patrimoine colonial et n'a pas prévu la marche ascendante des rivalités.

Que de peuples disposaient pourtant de moyens inférieurs aux siens. Aucun ne fut, par exemple, moins réfractaire au greffage de sa race. Le sang

⁵4 centimètres sur 35. La réduction au quart accompagne l'intéressant travail de M. Marcel. Le cours du Zambèze y est tracé avec une certaine exactitude. Les chutes et rapides de Kebrabasa et la cataracte de Moroumbona y sont inscrits, ainsi que des forts et des marchés appelés *feiras*, comme San-Estevao, Chicova, Mazapa et Manzovo. La présence de l'or, et même, en un endroit, d'un or très fin, est signalée (Terras de moca Ouro, Minas de Ouro). Le cours du Chiré, affluent du Zambèze, est également dessiné à travers un pays réputé très fertile et peuplé. Des nombreux documents compulsés par M. Marcel il résulte que, depuis la fin du dix-septième siècle jusqu'au milieu du dix-huitième, le cours du Zambèze a été connu des Portugais au moins jusqu'à Zumbo, à environ 15° de latitude sud et 30 de longitude est; qu'ils avaient de nombreux établissements fortifiés et des marchés, non seulement sur ce fleuve, mais dans l'intérieur du pays, dans tout le Machonaland. »

(1) M. Jayme Bathalha Reis, consul de Portugal à New-Castle, a rappelé ce fait dans une lettre adressée au *Times*.

noir l'a pénétré jusqu'aux moelles et c'est peut-être le phénomène physiologique résultant de cette inoculation qui a suspendu son élan. Car, son empire africain est aujourd'hui réduit à une expression disproportionnée avec la grandeur du début. Le Mozambique et Angola ne verront pas se réaliser les rêves de jonction conçus par leurs possesseurs, et les établissements du Congo comme ceux de la Côte de Guinée semblent des créations arrêtées dans leur croissance.

Pourtant, l'empreinte nationale est plus vivace que partout ailleurs sur ces territoires où ne s'exerce plus que sobrement le génie d'un peuple hardi, aventureux et doux. Des aptitudes s'y revèlent que pourraient envier de fières nations, trop soucieuses de rester sans mélange. Malheureusement, l'indolence inhérente à leur tempérament empêche les Portugais d'être à la hauteur de ces aptitudes.

Nous les avons vus depuis quelques années protester, au souvenir de leur vieille gloire, contre ce qu'ils considèrent avec raison comme des atteintes portées à l'intégrité de leurs possessions africaines. C'est eux qui, le 26 février 1884, donnèrent l'éveil en signant avec l'Angleterre un malencontreux accord par lequel ils prétendaient se réserver, ainsi qu'à leur alliée, le droit de contrôle sur le cours inférieur du Congo. C'est la protestation reconventionnelle des puissances contre cet accord qui nous a valu la conférence de Berlin. Les Portugais en sont sortis moins riches qu'ils n'y étaient allés. Mais, le pire est que, six ans plus tard, cette même Angleterre, avec laquelle ils s'étaient associés en 1884 dans un sentiment de confiance, les dépouillait impunément du côté du Zambèze, sans que cette fois ils fussent en état de recourir à l'appui de quelque autre puissance. Amère ironie des intérêts !

On ne saurait exprimer les mêmes regrets en ce qui concerne l'Espagne qui n'avait presque rien, n'a rien eu à perdre et a, au contraire, acquis quelque chose.

Une prétention qui sera sans doute réduite, entre la rivière Campo, limite du Cameroun, et la rivière Mouni, limite du Gabon : enclave illusoire qui ne serait qu'une menace pour le Congo français ; l'île de Fernando-Po devant le Cameroun allemand ; le littoral saharien, du cap Bojador au cap Blanc (1), territoire de nomades sans points

____

(1) L'Espagne a notifié ce protectorat par acte du 26 décembre 1884.

d'appui, limité au sud par l'Adrar et aboutissant à peu près au 10ᵉ degré de longitude ouest du côté français (1) : au nord n'ayant que les limites indécises du Maroc; sur l'Océan, la position d'Ifni; sur le littoral méditerranéen du Maroc, enfin, Ceuta, encore une vieille conquête du Portugal dont l'Espagne n'a fait qu'hériter, citadelle qui ne protège rien; puis Mellila, autre citadelle qui protège un bagne, voilà le domaine africain de l'Espagne moderne. Encore les limites sahariennes que je viens d'indiquer ne lui ont-elles été attribuées qu'à la suite de l'accord anglo-français du 1ᵉʳ août 1890.

L'Espagne qui possède, quoique à un degré moindre, les qualités colonisatrices du Portugal et qui a, comme l'Italie, des familles de durs laborieux à répandre, est hypnotisée par le Maroc.

Elle a failli aux rancunes permises et a manqué d'à-propos en oubliant jadis qu'elle pouvait associer ses griefs à ceux qu'exprimait la France pour légitimer la destruction des pouvoirs musulmans de l'Afrique du Nord. L'appartenance du Maroc à l'Espagne contreviendrait assurément à des dispositions politiques étrangères; elle n'en réaliserait

(1) Territoire sujet à contestations, surveillé qu'il sera par la position anglaise du cap Juby.

pas moins toutes les conciliations de l'histoire, de l'esprit et des intérêts (1). Elle ne serait qu'une inéluctable expression de sincérité géographique et sociale ; de sincérité géographique, parce que, entre le Maroc et l'Espagne, il n'y a que la largeur d'un souvenir, que les deux peuples se sont confondus comme jadis se confondaient les deux terres, qu'il y a assimilation préventive chez l'Espagnol du Sud et qu'il ne changera pas de patrie en renouvelant envers le Maroc ce que celui-ci fit jadis à l'égard de l'Espagne ; de sincérité sociale, parce qu'il appartient aux races latines, en vertu de toutes leurs traditions comme de la cartographie, d'être, dans le bassin de la Méditerranée, de l'orient à l'occident, les seules dispensatrices de l'esprit. Que si la répartition des responsabilités doit créer des rivalités entre les peuples latins, ce ne peut être que sur le terrain commun du progrès en faveur d'une Afrique dont toute la conquête morale est à faire ou à renouveler.

Aussi bien, pourquoi ne pas concevoir dès à présent l'Afrique dans cinquante ans, vivant au gré de ceux qui auront assumé la tâche de l'élever au rang de continent civilisé ou qui auront accompli

(1) Il en serait de même de la possession de la Tripolitaine par l'Italie.

le crime de détruire, tout au moins d'atrophier davantage encore sa population ?

A ce moment, l'Afrique aura déplacé la politique européenne de l'assiette où elle se meut depuis le commencement du siècle. Des intérêts agrandis, auxquels seront associées des populations nouvelles, remettront en présence des individus, des mœurs et des institutions qui n'auront fait que changer de climat sans changer de nationalité. L'Afrique ne sera qu'un nouveau champ de bataille où les éléments de victoire et les éléments de défaite seront en raison des devoirs accomplis ou méconnus.

CONQUÉRANTS ET PEUPLES CONQUIS

Je ne crois pas que les conventions successives,
intervenues entre les puissances africaines depuis
la Conférence de Berlin, aient eu pour objet de
faire échec à la redoutable éventualité d'une conquête du continent noir par le monde musulman.
Il n'en est pas moins vrai qu'il y a eu coïncidence
entre les intérêts privés et les intérêts généraux.
Il est certain que dans l'avenir les uns et les
autres sont destinés à se confondre sur un terrain
commun de résistance économique. Ma conviction
est que l'Europe et le monde de l'Islam peuvent
vivre ensemble, mais à la condition que la première soit maîtresse des destinées du second et
qu'il ne soit point loisible à celui-ci de s'accréditer
au détriment de ses tuteurs.

Ceci posé, quelle est, d'une manière générale, la situation des puissances intéressées ? Dans quelle mesure chacune d'elles est-elle en état de justifier sa responsabilité, de faire honneur aux engagements implicites qu'on attend d'elle ?

Le monde africain se présente sous différents aspects. Il est agriculteur ou nomade, guerrier ou missionnaire.

Agriculteur et nomade sont sous la dépendance absolue du guerrier et du missionnaire.

Le guerrier est un pillard et le missionnaire un ambitieux, vivant des récoltes de l'agriculteur et des troupeaux du nomade. Ceci indique déjà une classification sociale dont il faudra tenir le plus grand compte.

Examinons-la en ce qui concerne les territoires occupés par les Anglais.

Ne parlons pas de l'Egypte qu'ils évacueront certainement un jour ou l'autre. S'ils sont simplement possesseurs du Soudan Oriental, ils restent en présence de tous les groupes que nous venons d'énumérer. Déjà, ils ont combattu l'Arabe guerrier, l'agriculteur et le nomade, mis en mouvement par le missionnaire ; celui-ci commandité lui-même par les marchands d'esclaves.

Quand donc ils voudront sérieusement re-

prendre à l'égard des marchands d'esclaves la conduite tenue jadis par les officiers d'Imaïl, ils auront
d'autant plus facilement raison des apôtres musulmans que les agriculteurs et les nomades, désormais à l'abri des poursuites des premiers et sollicités par des intérêts pacifiques, mettront ceux-ci
au-dessus des excitations religieuses. C'est le
phénomène qui s'est produit en dernier lieu dans
la province d'Emin, quand celui-ci protége a
ses populations contre les contacts des agents du
Mahdi.

J'ai rapporté plus haut les opinions exprimées
par un certain nombre d'Anglais à la Chambre de
Commerce de Londres relativement aux dispositions qu'il y aurait à prendre à l'égard du Soudan
égyptien. Ces opinions sont toutes conformes à
celles exprimées jadis par les conquérants des provinces du Haut-Nil. Il y a là d'intéressantes populations qu'il suffira de mettre à l'abri de la traite
pour les mettre à l'abri de la guerre; car l'une ne
va pas sans l'autre et réciproquement; de même
que l'une n'a été que le prétexte du mouvement
religieux circonscrit et, par conséquent, avorté,
qui a désolé ces provinces depuis plus de dix ans.

Il est à peine besoin de dire que les Italiens,
voisins des Anglais sur le littoral de la mer Rouge,

bénéficieront de tout ce que feront leurs alliés. Leurs populations sont assurément susceptibles de subir plusieurs influences. Elles n'échappent pas, dans tous les cas, à celle des Abyssins qui ont toujours fort bien fait la police autour de leurs plateaux ; elles céderont au mouvement pacifique venu du Haut-Nil et, soit en Erythrée, soit en Harrar ou en pays Somal, l'Italie n'aura qu'à éduquer pour nationaliser, sans jamais être exposée à des réactions religieuses qui, faute de prétextes pour s'alimenter, ne se produiront pas.

A partir du Nil supérieur jusqu'au Nyassa et au Zambèze, il n'est pas non plus besoin d'insister sur l'absence de toute crainte à concevoir au point de vue de la propagande de l'Islam. L'initiative des missionnaires européens et, plus particulièrement, celle de nos compatriotes, a, de ce côté, simplifié la situation de telle sorte qu'il y existe désormais des éléments de résistance bien supérieurs aux moyens d'attaque dont pourraient disposer les musulmans. L'Ouganda l'a prouvé, il n'y a pas bien longtemps, en se débarrassant tout seul des Arabes.

Quant aux provinces anglaises du Sud africain, leurs populations indigènes sont entièrement à la discrétion des Européens. Elles ignorent le premier mot de l'Islam et il sera toujours extrêmement facile de les préserver de son influence.

Les Allemands, en revanche, auront sur leurs territoires de l'Est de plus grandes difficultés à résoudre.

Il y a d'abord les provinces qui se trouvaient nominalement sous l'autorité du sultan de Zanzibar avant l'occupation européenne et qui sont loin d'être absolument conquises : provinces où l'élément arabe exerçait son influence réelle et incontestée. Il y a ensuite les pays limitrophes dont les habitants partageaient plus ou moins les intérêts politiques des Arabes parce qu'ils participaient à leurs intérêts commerciaux. L'invasion allemande a jeté au milieu de tout ce monde un désarroi profond.

Le régime politique, sorte de patriarcat dont l'Ousagara nous était un éloquent exemple, a subi de désastreuses atteintes. L'espèce de discipline introduite par les Arabes au milieu de tous ces groupes qu'ils étaient arrivés à dominer par leur intelligence et leurs formules de colonisation, a disparu pour faire place à des tentatives d'ordre inédit, qui n'ont fait que rendre à la brousse des familles assujetties au travail du sol, qui ont excité la colère des Arabes, préparé leur ruine et mécontenté tout le monde. C'est toute une reconstitution sociale à opérer.

Un homme qui, sans s'inspirer de l'exemple de M. Stanley, aurait pu faire tout autant et mieux que lui, le major Wissmann, cet initiateur occasionnel mais flegmatiquement patriote, ainsi que le fut, d'ailleurs, le docteur Nachtigal, a dit qu'il emploierait la pacification pour résoudre la question de l'Est africain. Si cette parole est la conclusion d'une expérience, si elle a été prononcée par opposition à un système condamné, il faut la louer et souhaiter qu'elle fasse merveille dans sa sincérité.

Mais les colonies ont le malheur de justifier cet aphorisme en vertu duquel les hommes valent parfois mieux que les principes. Ceux-ci sont généralement déplorables lorsqu'il s'agit des colonies et il est heureux que quelques individualités exceptionnelles substituent leur intelligence à l'application de ces principes. Malheureusement les premières disparaissent quand les seconds se transmettent ; et tel qui acquiert en pays noir un crédit mérité voit s'écrouler, lorsqu'il s'en va, un régime de confiance péniblement édifié.

L'Allemagne, ai-je dit, s'est laissé enfermer par une implacable rivale dans des limites sans issues. Les équivalences de Zanzibar, de Mombaz et de la Mer Rouge annulent par anticipation l'essor commercial et stratégique du domaine allemand. Elle a pourtant, si elle savait le comprendre, une formidable revanche à sa disposition : celle qu'assurerait infailliblement à sa race d'expansion un peuplement systématique des territoires qui constituent ce domaine (1).

La race allemande immigrée dans l'Est africain et réglant son expansion, à un moment qu'on peut prévoir, de connivence avec les Boërs du Transwal, serait pour la colonisation anglaise du sud et du centre africain le plus terrible danger que celle-ci puisse courir.

La ligne de jonction anglaise, représentée par une arête politique à partir du Zambèze jusqu'à l'Albert-Nyanza, ne serait plus qu'une convention mystifiante dont les Belges de l'Etat libre, d'accord avec les Allemands de l'Est, oublieraient bien vite le caractère.

Peut-être alors pourrait-on voir aussi les Portugais et les Zoulous profiter de ce débordement, non pour reprendre ce que les Anglais leur ont arra-

____

(1) L'Allemagne a, d'après les dernières statistiques, près de dix millions de ses nationaux disséminés sur la surface du globe.

ché, mais pour se joindre à une coalition de races qui désorganiserait à l'avantage de leurs rancunes un réseau commercial sans moyens de défense.

C'est en perspective de ces événements que l'Etat libre du Congo mérite dès aujourd'hui une attention spéciale, autant de la part de la France que des autres puissances africaines. Il n'est pas douteux que ce royaume aura un jour à jouer un rôle considérable, rôle de sacrifié peut-être, au profit d'une nation en détresse qui voudra par des moyens diplomatiques se faire donner par lui ce qui lui manque : à moins que la France ne veuille se rappeler à cette occasion que certaine clause, non abrogée encore, d'une convention passée avec l'ancien Etat libre, assure la priorité de son intervention dans les destinées du Congo belge, si celles-ci venaient à être compromises ; et qu'en vertu même de l'article 12 du chapitre III de l'Acte général de Berlin, son arbitrage doit passer avant tous les autres.

Au milieu de toutes ces préoccupations, de toutes ces responsabilités qui incombent à des puissances étrangères sur le sol africain, la France a sa grande part. Mais, elle a pour la seconder des éléments que ne possèdent pas au même degré ses concurrentes, éléments de vieille date qu'il ne tient qu'à elle d'associer plus étroitement à son œuvre, si elle consent à se pénétrer de cette vérité que la colonisation exige une infinie variété d'applications, selon les climats, les individus et leurs mœurs ; et que son strict devoir, connaissant bien les aptitudes des uns et des autres, est d'employer ces aptitudes à l'intérêt général.

Au nord, l'Arabe et le Berbère figurent déjà des intermédiaires dont il est presque superflu de rappeler, même succinctement, le rôle intéressant. Des deux éléments toutefois, l'Arabe est celui sur lequel nous avons le moins à compter immédiatement. Dans nos possessions du nord de l'Afrique, il a été le plus éprouvé par la conquête. C'est lui qu'elle a laissé le plus dépourvu et c'est évidemment lui qui est le plus malheureux. D'autre part, notre Arabe du nord tient à sa région et ne dépasse guère la zone d'influence française circonscrite aux limites sahariennes. Au Soudan central, il est d'autant plus rare que le climat lui est mauvais. Nous ne le trouverons que par petits groupes sur le chemin du Niger au Tchad.

Il a joué et jouera longtemps encore un rôle prépondérant, parfois d'agitateur, sur le territoire algérien ; et il est curieux qu'au milieu d'éléments

qui le valent et lui sont traditionnellement hostiles il ait pu jusqu'à ce jour user de cette
prédominance contre nous chaque fois qu'il l'a
voulu.

C'est qu'au milieu de nous il représente essentiellement la famille vaincue, par la dépossession
du sol, la perte de ses privilèges, la nécessité de
céder devant notre marche en avant ou de se mêler
à nous pour réclamer une part de sacrifices que
ses traditions et ses mœurs bien plus que sa religion l'empêchent de comprendre. Et comme les
traditions et les mœurs des autres éléments indigènes ne leur interdisent pas cette adaptation à
notre existence, l'Arabe, lorsqu'il sort accidentel-
lement de son calme pour protester contre la vie
qui lui est faite, n'a qu'un moyen de rallier à lui
les sympathies contingentes : c'est de faire appel
au Coran.

Ses alliés immédiats, il les trouve précisément
dans ceux des Berbères qui, ainsi que lui, sont
étrangers aux labeurs des villes. Ceux des grands
centres, de la plaine ou de la montagne, ceux qui
tirent du sol le nécessaire ou le superflu ; ceux
qui, au milieu de nous, emploient leurs facultés
aux transactions du commerce ou aux manifestations industrielles, ceux-là ne cèdent point aisé-

ment à l'insinuation rebelle. L'influence de la France fait, d'ailleurs, des progrès de plus en plus grands chez ces derniers. Le corps à corps est incessant avec ces hommes que n'a pas rebutés le contact du vainqueur. Avec nous et pour nous le Berbère conquiert l'Afrique.

Ce ne sera qu'avec son aide que nous avancerons dans ce Sahara que ses ascendants ont déjà traversé pour se mêler aux groupes noirs de l'Occident. Nous les retrouverons échelonnés dans les oasis, tour à tour pasteurs aux lieu et place des Arabes et nomades comme eux, ou fixés dans les villes du haut Niger dont Timbouctou est encore la reine respectée.

Ainsi, des deux éléments indigènes dont la France s'est constituée la souveraine au nord de l'Afrique, le Berbère est supérieur à l'Arabe. Il en est un troisième qui, par un phénomène d'évolution dont la traite a été le principal facteur, est venu se mélanger aux deux autres : c'est l'élément noir. Celui-ci forme déjà un noyau appréciable de population saharienne.

- Ailleurs, il n'est qu'une quantité négligeable ; au Sahara, il peuple les oasis, les entretient et les enrichit. Il est le patient et admirable jardinier des steppes ingrates. A côté du nomade qui fuit

8

la civilisation et du pillard qui vit sur le nomade, il représente une antithèse. Car il prépare la civilisation en même temps qu'il prépare la fin du pillage.

Tels sont les éléments à la disposition de la France dans ses possessions du nord de l'Afrique. Lui suffiront-ils pour étendre son influence jusqu'au Soudan central ? C'est une question qu'on peut s'adresser.

Des deux zones parallèles qui constituent l'Afrique française du nord, l'une subit socialement, depuis cinquante ans, un mouvement de recul qui lui est imposé par la conquête. L'Arabe cédant devant l'envahissement européen a emporté avec lui et conserve toutes les amertumes ainsi que tous les malentendus de la défaite. Il est permis de se demander si ce phénomène d'exclusion, plus ou moins conscient chez ceux qui l'ont provoqué, sera une éternelle entrave à notre libre extension. On peut répondre que, si grande qu'ait été la faute commise, elle n'est pas absolument sans remède ; et comme nous ne saurions encore nous passer de l'Arabe, il est souhaitable que les esprits les plus inflexibles à son endroit, et ils sont malheureusement nombreux, s'avisent une bonne fois de réparer, autant que faire se pourra, les injustices du passé.

Sous quelque latitude qu'on étudie l'Arabe, son ethnographie n'amène pas à des conclusions sensiblement différentes. Il est à peu près le même partout, selon que les milieux prêtent plus ou moins au développement de sa nature. Dans l'Est africain, où il a été livré à lui-même, contre la seule opposition de races inférieures à la sienne, il a été plus digne de louanges que de blâmes, n'en déplaise aux hâtifs moralistes qui, faute de réflexion, n'ont pas assez apprécié, dans ce qu'il a pu avoir de bon, le rôle tenu par les Arabes. Tout le monde est d'accord pour réprouver avec énergie l'encouragement qu'ils ont donné à la traite des noirs. Mais, on ne saurait méconnaître qu'ils ont peuplé de travailleurs des régions désolées; qu'ils ont fait de territoires sans habitants et sans valeur des centres agricoles qu'eussent enviés les plus civilisés des peuples européens; qu'ils ont ainsi élevé les populations noires à un niveau d'intelligence et de discipline sociale qu'aucun apostolat n'eût certainement réalisé plus vite. Si odieux qu'aient été les moyens pour en arriver là, on peut dire que la fin, sans les justifier, les a fait pardonner. Les Arabes de l'Est auraient sans doute civilisé cette partie de l'Afrique en beaucoup moins de temps que n'en mettront ses possesseurs

actuels avec des procédés en apparence plus conformes aux nécessités de la civilisation. Nachtigal
a écrit en parlant des musulmans : « Ces gens-là
n'oublient qu'une chose : l'amélioration de
l'homme ! ». N'est-ce donc pas une amélioration
relative que celle qui a consisté à apprendre à des
hommes, dont quelques-uns étaient anthropo-
phages, à fixer leurs idées, leurs besoins et leurs
désirs sur la terre seule et les bienfaits qu'on lui
peut arracher? (1)

Le colonel Chaillé-Long a écrit d'autre part :
« L'Afrique centrale est gardée par la mort! » Je
réponds que l'Arabe a passé outre à cette mort,
comme Thésée devant le Sphinx, et que depuis
des siècles il promène d'un bout à l'autre du continent meurtrier sa vie qu'il méprise et ses principes
civilisateurs qui, malgré leur imperfection, ont
été autant de lumières dans l'obscurité du monde
noir.

Nous n'avons pas le droit de ne pas tenir compte
d'un pareil élément. Nous avons le devoir de nous

(1) Le voyageur Viard a écrit, en parlant de l'Ouest africain,
que l'Islam n'y civilise pas mais ne fait qu'y convertir. Pourquoi? Parce que dans l'Ouest africain ce n'est pas l'Arabe qui
convertit, mais le noir. C'est précisément la différence qu'il
y a entre l'Arabe et le noir au point de vue religieux.

en rapprocher, de le tenir pour sacré, au même
titre que toutes les races, car aucune n'est mau-
dite et moins encore celles qui succombent sous
la défaite. Des régions équatoriales au Zambèze et
du littoral zanzibarien au Congo, arène immense
où se meut l'Arabe au milieu des populations qui
subissent son ascendant, les fils de Cham absorbent
les fils de Sem et le métissage, dans sa gradation
progressive, fait de l'Arabe un noir, tuant ainsi
une race au profit de l'autre et réciproquement.
J'imagine que les quelques millions d'Arabes qui
peuplent notre Afrique du Nord, s'ils ne sont pas
absorbés par les quelques cent mille Européens
qui vivent à côté d'eux, ont bien quelque chance de
faire avec eux échange de sang à leur mutuel avantage. A ce prix, seulement, la colonisation européenne en Algérie trouverait des compensations
qu'il n'est pas permis de mépriser. Une race
qui ne meurt pas a des fonctions à remplir,
et il n'est pas présumable que nous grandissions
disproportionnellement à côté de la famille arabe
avec l'étrange pensée que son rôle est terminé. Il
en est un que lui concède sa vitalité, contre lequel
son passé si riche d'intelligence ne protesterait
pas : c'est celui de nous rendre d'autant plus forts
en associant sa force à notre avenir. Alors serait

justifiée bien davantage cette parole enthousiaste
du philosophe Haeckel à la suite d'un voyage qu'il
a fait il y a quelques mois en Algérie : « Une telle
colonie accroîtrait dans une proportion inappré-
ciable notre situation dans le monde et notre force
nationale. L'Allemagne peut envier à la France la
position d'un tel joyau. »(1)

(1) N'oublions jamais les procédés de conquête des Romains
et souvenons-nous qu'un Arabe, Odenath (un des Césars de
Palmyre), fut, au IIIe siècle, un des sauveurs de l'empire avec
Gallien, dont il partageait la couronne.

A PROPOS DU TRANSSAHARIEN ET DU TOUAT

Non seulement l'Allemagne, mais l'Europe entière peut envier à la France la possession de l'Algérie; car celle-ci domine tout le continent noir des influences de son présent et des souvenirs de son passé. C'est d'elle que peut sortir l'épuisement graduel ou l'exaltation de la moitié d'un monde, de la Méditerranée au Chari, de la poudreuse Lybie aux dunes du cap Blanc; c'est par elle que l'arbitrage de la France peut s'exercer sur des royaumes immenses qui vont grandir ou mourir selon notre sagesse ou nos erreurs.

Pour la première fois, en 1873, un ingénieur français, M. Duponchel, a pressenti la possibilité de franchir le Sahara au moyen d'une voie ferrée pour atteindre le Soudan. Cette idée, d'abord accueillie avec la sérénité accordée aux choses inoffensives, a pris soudainement corps en 1879, puis a disparu de la nomenclature des projets pour s'accentuer dix ans plus tard sous l'impulsion d'un autre ingénieur, M. Rolland (1), et pour devenir, enfin, en 1891, une des grandes questions à l'ordre du jour de l'humanité.

Entre temps, il est vrai, la loi des exemples avait fait son œuvre. Le général russe Annenkoff avait mené à bien, en six ans, l'exécution d'un chemin de fer stratégique de la mer Caspienne au cœur du Turkestan, à travers les steppes désolées, parfois même au milieu de sables mouvants, avec l'obligation d'emporter avec sa main-d'œuvre son eau et son combustible; et ce, sur un parcours de 1,850 kilomètres. Il avait immobilisé les sables, semé les stations sur son itinéraire, fondé des villes et franchi ainsi l'espace qu'il avait voulu conquérir pour sa patrie. A ce premier exemple, on en joignait de suite un second qui avait sur le premier le mérite d'être plus ancien : celui du chemin de fer de New-York à San-Francisco à travers les prairies du Far-West.

(1) A M. Rolland s'est joint un autre ingénieur, M. Fock, qui s'est constitué avec lui le défenseur éloquent du tracé central.

Je n'ai pas l'intention de rééditer les plans divers qui ont été exposés, développés, soutenus par leurs auteurs pour un chemin de fer transsaharien, encore moins de fournir sur eux une opinion personnelle; car, au projet d'itinéraire présenté par M. Rolland ont succédé d'autres projets, avec force dissertations techniques sur la supériorité de chacun d'eux (1). La question est pendante. Je me bornerai à faire observer, en manière d'analyse, qu'elle a soulevé jusqu'à ce jour, au point de vue de ses résultats, beaucoup d'arguments erronés, souvent même inutiles, au-dessus desquels, heureusement, le principe du Transsaharien reste inattaquable.

C'est d'abord un Franco-Algérien qui écrit ceci : « Ce qu'ont fait Américains, Canadiens et Russes pour mettre en valeur des contrées nouvelles, nous pouvons le faire aussi. »

A quoi sert donc tout ce qu'on a dit de l'Afrique depuis qu'on s'occupe d'elle ?

Voilà un écrivain qui oublie bénévolement qu'il n'y a aucune comparaison à faire entre l'Afrique et les pays qu'il cite pour exemples.

Il oublie que les Etats-Unis du Nord doivent leur

(1) Projets Rolland et Fock, projet Fau et Foureau, projet Beau de Rochas, projet Broussais, etc.

richesse à des Européens et que le Canada doit la sienne à des immigrants également venus d'Europe. Il oublie que les Russes ont voulu surtout, avec le Transcaspien, exécuter un chemin de fer stratégique, dont la raison d'être n'est, d'ailleurs, pas à démontrer. Quant à la mise en valeur des territoires que ce chemin de fer relie à la Russie d'Europe, elle était à prévoir au moins dans une certaine mesure puisque, déjà, les Russes tiraient d'eux des produits assez considérables.

En est-il de même lorsqu'il s'agit du Soudan central par rapport à l'Algérie? Evidemment non.

Si les Européens ont pu coloniser eux-mêmes, et sans le secours des indigènes, les États-Unis du Nord et le Canada, il ne saurait en être ainsi de l'Afrique, surtout de l'Afrique centrale.

Si les Européens ont pu arracher avec leurs seules forces au sol de l'Amérique du Nord le nécessaire à leur existence, ils ne seront pas, d'ici longtemps, en état d'arracher le même bienfait au sol africain.

En quoi et comment la France mettra-t-elle donc en valeur les pays africains?

Si l'homme blanc, pour sa nourriture, doit y rester longtemps encore sous la dépendance de l'homme noir; si l'homme blanc y est incapable d'y épanouir sa jeunesse et sa maturité ; si la lutte préliminaire entre lui et la nature y doit durer des siècles, que reste-t-il à son intelligence et à sa volonté pour cette « mise en valeur » dont parlent les impatients du Transsaharien ?

J'imagine qu'ils ne poussent pas l'ironie jusqu'à concevoir dans cette « mise en valeur » une régénération spontanée de la race noire. Ils ne prétendent pas, du jour au lendemain, et par la seule influence magique des locomotives, transformer des siècles d'indolence en un volcan d'activité.

En vérité, quelle étrange idée se font donc des populations de l'Afrique ceux qui escomptent ainsi leur assimilation commerciale et industrielle ?

La richesse commerciale à tirer du continent africain ne se pourra réaliser que d'une manière. Ce ne sera qu'à la condition de faire ce que quelques commerçants européens ont déjà commencé, c'est-à-dire d'abandonner le littoral, avec ses courtages onéreux et les insuffisances auxquelles des populations inexpérimentées ne savent pas suppléer, pour s'en aller eux-mêmes au milieu de ces populations pratiquer l'offre et la demande ; pour stimuler par des concessions directes leur sentiment des transactions et, aussi, pour leur apprendre à tirer parti de ce qu'elles négligent.

C'est dans ces conditions seulement qu'on amorcera sur place l'assimilation commerciale des peuples noirs, en attendant que par une éducation progressive, que faciliteront des relations discrètes et loyales, on en arrive à l'assimilation industrielle. Ce sera le seul moyen pour l'Européen de « mettre en valeur » une main-d'œuvre qui n'existe presque pas, ou qui n'existe que pour des maîtres auxquels il faudra l'emprunter ; et cette main-d'œuvre, à son tour, pourra plus tard mettre en valeur les nouveaux territoires. Il y a bien loin entre le moment où on espère s'en servir et celui où on s'en servira. Dans les pays conquis, seulement, il est présumable que la libre disposition du travail appartiendra plus aisément au gré de l'Européen. Ce sera là, sans doute, une des efficacités des Compagnies de colonisation. Mais, dans les pays qui ne le sont pas encore et où existent, d'ailleurs, des institutions sociales souvent contradictoires avec nos principes, il serait puéril de supposer que l'Européen sera, du seul fait de sa présence, maître de décider un régime commercial ou industriel selon sa fantaisie.

Je pense donc qu'un Transsaharien, quel que soit son itinéraire, ne nous donnera pendant longtemps que ce qu'il peut nous assurer de moindre en vertu de la raison d'être de tous les chemins de fer : un moyen de contact, et rien de plus.

J'avoue même, à ce sujet, ne pas comprendre l'insistance avec laquelle on énonce déjà des chiffres commerciaux qui ne sont, d'ailleurs, basés que sur des hypothèses (1).

Il est une chose bien certaine, c'est que depuis longtemps les transactions commerciales entre le Soudan central et le littoral méditerranéen ne sont plus ce qu'elles étaient jadis. La progression de la conquête et l'interdiction légitime de la traite ont modifié les voies des caravanes, rendu les marchés plus difficiles et diminué les bénéfices dans des proportions énormes. Le plus clair des recettes était fourni par la vente des esclaves et c'est à peine s'il en vient encore quelques-uns par la voie du Sahara oriental, malgré la tolérance des autorités turques de Mourzouk et Tripoli. Du côté oriental c'est bien différent. La route de Timbouctou au Maroc, soit par le Touât, soit par

(1) M. Rolland, dans ses calculs, a prévu entre autres une consommation de 5 kilogrammes de sel par tête d'habitant du Soudan central, dont 4 kilogrammes à importer par le Transsaharien. Or, la région du Tchad est excessivement riche en sel, au point que les habitants en exportent jusque dans l'ouest. Ce ne serait donc pas un article d'importation sur lequel il y aurait lieu de compter.

l'Adrar, n'a guère périclité à cet égard. Mais les courtiers de Mourzouk, de Rhât et de Rhâdamès ne dissimulent pas aux agents européens que les affaires commerciales sont en décadence depuis que la marchandise humaine ne donne plus de leur côté. Cette disparition du principal élément de transaction a même ruiné des familles qui s'en faisaient de beaux revenus. Elle a, d'autre part, mis une sourdine à l'esprit de négoce, et tant du côté de la Tripolitaine et de la Tunisie que du côté du Soudan central où, naturellement, on ressent les mêmes impressions, il est notoire que les affaires commerciales ont baissé dans des proportions considérables. Ajoutons que le Bornou, par exemple, avant que les Anglais ne vinssent s'établir dans son voisinage et maintenant encore, tirait et tire de notre Soudan de l'ouest une grande quantité de ses marchandises. Ceci soit dit uniquement pour justifier les doutes de ceux que n'ébranlent pas des énumérations problématiques.

On a dit aussi, entre autres choses, pour la défense du Transsaharien qui n'a pas besoin de tout cela, que le tracé d'Amguid, Asiou, Agadès, était la voie la plus sûre, la seule sûre même « de tout le grand désert, entre l'Égypte et l'Atlantique », sous prétexte que les Touaregs de l'est (Azdjer et

Kel-Oui) la tiennent entre leurs mains. Certes, il s'agirait préalablement de renouveler avec ces Touaregs le traité commercial signé avec eux, en 1862, par le colonel de Polignac, traité stérile, d'ailleurs, et que l'explorateur Richardson essaya tout le premier de signer, en 1850, au nom de l'Angleterre (1).

Je ne demande pas mieux que de considérer ce renouvellement de traité comme une garantie sérieuse pour l'exécution du Transsaharien.

Mais, je prendrai la liberté de rappeler à ceux qui se plaisent à nous représenter les Touaregs Azdjer comme des amis méconnus et à faire d'Ikhenoukhen, l'ancien chef disparu de leur confédération, une noble figure injustement appréciée, que cet Ikhenoukhen fut tout simplement complice, sinon inspirateur, de l'assassinat de mademoiselle Tinne, en 1869.

On a, d'autre part, beaucoup argumenté sur les opinions exprimées par l'explorateur Gherard Rohlfs à propos de l'exécution d'un Transsaharien central par la France.

M. Rohlfs a, en effet, écrit qu'il faudrait à la France une armée considérable pour garder le

(1) Barth attribue discrètement l'échec de Richardson à la clause de ce traité qui impliquait l'abolition de l'esclavage.

Transsaharien. Quand cela serait? Où serait le
mal qu'une dissémination de troupes, intelligemm-
ment comprise, donnât la vie au parcours d'une
voie ferrée? Dès l'instant où un chemin de fer
permettrait de constituer et de ravitailler en peu
de temps des centres de population à mille kilomètres, alors qu'il faut aujourd'hui des mois en-
tiers pour fournir à grands frais les choses les
plus usuelles à des stations beaucoup plus rappro-
chées, où serait l'inconvénient de grouper des soldats qui seraient assurément moins isolés que ne
le sont aujourd'hui ceux de nos garnisons d'Ouar-
gla et d'El Goléah?

M. Rohlfs a dit que les difficultés d'exécution
d'un Transsaharien central seraient énormes. Si
cela peut faire plaisir à M. Rohlfs, pourquoi ne
pas lui avouer sincèrement que les difficultés
nous paraissent devoir être considérables sur tous
les itinéraires, quels qu'ils soient? M. Rohlfs a
dit également que nous avions tort de projeter un
Transsaharien dans la direction du Tchad, en ne
dissimulant pas que l'Allemagne, avec son
amorce du Cameroun, devait prétendre à une possession au moins partielle du Soudan central, y
compris le Tchad. Eh bien, mais, c'est là une
opinion de bon patriote allemand. Elle vaut l'opi-

nion identique exprimée par les Anglais. Il y a toujours quelqu'un pour dire ces choses-là; et si un Français émettait l'idée de dessécher la mer Rouge, qui est à tout le monde, pour y planter des légumes, on peut être sûr qu'il se trouverait un Anglais et un Allemand pour exiger la priorité dans cette tentative de spéculation maraîchère.

Je ne mentionne que pour mémoire l'opinion du même M. Rohlfs que le Transsaharien nous est utile « pour tirer profit de nos possessions du Sénégal ». C'est une de ces erreurs qu'on aime mieux ne jamais rencontrer sous la plume d'un illustre explorateur, pour n'avoir pas à les étiqueter !

Quant à l'opinion de M. Mizon, dont on abuse beaucoup trop à mon sens, c'est une opinion respectable comme toutes les autres et rien de plus. De ce que M. Mizon a constaté l'insuffisance des voies dites navigables du Bas-Niger et de la Bénoué, il ne s'ensuit pas que le fameux commerce du Soudan central doive nécessairement n'avoir qu'un débouché, celui du Sahara.

De ce que le même officier a entendu quelques traitants anglais exprimer des craintes sur l'exécution d'un Transsaharien français, il ne résulte pas nécessairement qu'on lui a exprimé des opinions irréfutables. S'il avait, lui personnellement, fait répandre à propos la nouvelle qu'il venait de découvrir des mines d'or au confluent du Niger et de la Bénoué, bon nombre d'Anglais et d'Allemands seraient certainement allés s'assurer du fait.

Mais, la Royal-Niger-Company, enfin, serait vraiment composée de gens trop naïfs si elle ne nous encourageait pas vigoureusement à exécuter un Transsaharien, en affectant de s'en montrer inquiète.

En tout état de cause et commercialement parlant, elle sait bien qu'elle a dix ans devant elle pour profiter de tout l'essor qu'elle va donner plus que jamais à ses opérations.

. Ce qui est susceptible de l'inquiéter bien davantage, c'est le résultat stratégique de cette voie ferrée à travers le désert, imposant, du haut de sa morale industrielle, des limites à toutes tentatives contradictoires ; attirant au profit de l'influence française des préoccupations, des curiosités, des besoins et des sympathies qui seront autant d'appoints à l'œuvre de civilisation entreprise par notre patrie, jusqu'au jour, fort éloigné d'ailleurs, où le Soudan central pourra devenir, lui aussi, sous l'impulsion de relations incessantes, un foyer d'activité agricole et industrielle aussi bien pour l'Européen que pour l'indigène. Ce jour-là, seulement, les compagnies étrangères verront baisser leur éclat.

En vérité, des arguments comme ceux que j'ai rapportés plus haut ne suffiraient pas à convaincre; pas plus que ceux d'ordre géographique groupés habilement autour de la conception de l'entreprise. Il ne dépend pas exclusivement de l'exécution d'un Transsaharien que nous entrions en possession de pays que nous n'avons pas. De la libre disposition de ces pays, s'il en était ainsi, ne dépend pas exclusivement l'exécution d'un Transsaharien.

Nous pouvons avoir davantage que ce que nous avons, voilà le vrai; tout Transsaharien à part. La cohésion franco-africaine est subordonnée à des moyens plus immédiats, tout aussi pratiques et plus sûrs. La jonction du Congo au Tchad peut s'effectuer politiquement, comme l'amplitude légitime du Soudan français, entre Tchad et Niger, peut s'acquérir à courte échéance et à peu de frais. Le Transsaharien ne saurait être avant longtemps une combinaison commerciale fructueuse.

Il serait incontestablement une œuvre stratégique.

Il serait plus sûrement encore une œuvre humanitaire et d'assainissement (1).

Les considérations que je viens d'exposer, tant au point de vue commercial qu'au point de vue stratégique, m'amènent à dire aussi quelques mots de la partie occidentale de notre Sahara.

M. Ed. Blanc, dans une communication faite à la Société de géographie de Paris en mai 1889, sur les routes de l'Afrique septentrionale au Soudan, convenait qu'il y avait lieu pour nous de « continuer, au sud-ouest de l'Algérie, à tourner nos efforts vers Insalah, qui nous donnera la route de Timbouctou et qui établira une relation directe entre nos possessions d'Algérie et celles du Sénégal ». Cette route, ajoutait M. Ed. Blanc, « sera stratégique et jamais commerciale. »

Or, M. Ed. Blanc basait sa conclusion sur les progrès communément réalisés par la France et l'Angleterre au Soudan occidental, progrès des-

____

(1) « Dans tous les pays, écrivait en 1883 M. le sénateur Clamageran en parlant de l'Algérie, le chemin de fer est un moyen d'accroître la richesse et d'unifier les populations. Ici, il est encore quelque chose de plus (Plaine de la Mitidja) : il est un moyen d'assainissement. Pour utiliser la petite bande de terrain qui reste libre des deux côtés de la voie, la compagnie y plante des arbres; or, les arbres n'abondent pas dans les plaines d'Afrique et il importe au point de vue de l'hygiène, comme au point de vue économique, de les multiplier. »

tinés selon lui à créer du côté de l'Atlantique un dérivatif commercial exclusif au détriment de Timbouctou, et conséquemment du Touât.

Cette opinion peut avoir sa valeur, mais ne saurait être absolument exacte.

Il est évident que s'il y a une route commerciale quelque part, c'est qu'elle aboutit à un marché. Une des routes commerciales de Timbouctou aboutit donc au Maroc, qui ne cessera pas d'être un marché, parce que le transit du Soudan occidental et une partie de celui du Soudan central se feront du côté de l'Atlantique. Les marchandises véhiculées par Timbouctou et Insalah jusqu'au Maroc, tant qu'elles auront certitude d'écoulement, continueront donc à y être transportées. Ainsi la voie de Timboucton-Insalah sera non seulement une route stratégique, mais aussi et toujours une route commerciale.

Les populations sahariennes occidentales qui vivent, pour une bonne part, de cette exportation commerciale au Maroc, sans voir un danger dans le dérivatif résultant de la progression européenne au Soudan, s'émeuvent bien davantage de la perspective de nous voir arriver à Timbouctou par le Haut-Niger. Elles savent que le jour où nous serons dans cette ville, nous serons les maîtres en grande partie de leur existence matérielle, comme nous serons les dispensateurs absolus de l'existence de Timbouctou le jour où nous serons au Macina. Leur appréhension de nous voir leur couper les vivres par le sud s'augmente donc de la crainte de nous voir devenir, du côté du nord, les arbitres de leurs destinées. Que restera-t-il alors de leur indépendance tant envers nous qu'envers le Maroc, sur le commerce duquel elles prélèvent tribut? Cette question les hante et n'est pas pour peu de chose dans les événements récents de cette partie de l'Afrique.

Aussi bien, la question du Sahara occidental s'impose à nos préoccupations plus impérieusement que celle du Sahara oriental. Il s'agit moins de baser des résolutions de ce côté sur des destinées commerciales qui sont niées par quelques-uns que de prévoir une jonction indispensable avec nos territoires nigériens. A ce titre, l'opinion pleine de bon sens de M. Ed. Blanc méritait d'être signalée. Les défenseurs du Transsaharien ne veulent pas entendre parler d'un itinéraire qui comprendrait dans son parcours Insalah et conséquemment les oasis du Touât ; n'insistons pas. Mais, ce qui s'est passé récemment dans cette région doit, ce me semble, leur donner la pensée que, même dans l'ordre stratégique, la voie occidentale a sa valeur, puisqu'elle résoudrait la pacification d'un foyer perpétuel de résistance et assurerait la jonction de notre Algérie à des pays que nous avons déjà et où nous tendons simultanément à préparer cette jonction depuis douze ans.

De deux choses l'une : ou les populations au milieu desquelles nous nous établirons accepteront notre protection, avec ses conséquences d'existence conforme à nos intérêts ; ou elles reculeront devant nous pour se rabattre vers le sud. Dans le premier cas, c'est la fin très probable d'un malentendu qu'il importe de faire cesser ; c'est la continuation, en toute liberté, des transactions commerciales dont vit Timbouctou et dont bénéficient les populations de l'ouest et le Maroc ; mais, c'est aussi la fin de la traite de ce côté. Dans le second cas, c'est l'exode sur la rive droite du Sénégal, la fusion avec les trente mille marabouts dont les tentes se dressent de l'Adrar au Kaarta, la reprise de Timbouctou par les Touaregs, le pillage des territoires du Macina, l'agglomération sur la rive gauche du Niger où, depuis longtemps, les tribus sahariennes descendent jusqu'à Sinder ; c'est la lutte organisée entre nos avant-postes du Haut-Niger et le Soudan central défendu par des hordes exaspérées. Je dirai plus loin, à ce propos, le rôle que nous aurions dû jouer au Macina en prévision de cette dernière éventualité.

Supposons pourtant qu'elle ne se produise pas. Nous recueillons alors tout bénéfice de notre occupation du Touât ; du Touât jaloux de Rhât et qui s'est toujours montré hostile à une communication directe entre cette dernière oasis et Timbouctou. Nous sommes les maîtres des voies stratégiques et commerciales que commande cette position, puisque nous restons les dispensateurs d'une partie de l'existence économique saharienne, tant à l'égard des intérêts du Maroc que de ceux de la Tripolitaine. Nous simplifions les problèmes futurs qui peuvent surgir des frontières de l'un et des oasis de l'autre, et nous accentuons l'utilité d'un Transsaharien, désormais seule voie commerciale à l'abri des fluctuations politiques.

Sans doute, alors, Touaregs et pillards feront ce qu'ont fait bien d'autres dont Nachtigal constatait déjà, en 1870, le retour à la vie paisible des sédentaires. Faute de proies suffisantes, ceux-là s'étaient un jour arrêtés dans leurs courses vagabondes et étaient venus fonder des villages au Borkou, au Kanem et jusques dans l'Ouadaï, remplaçant le fusil et la lance par les outils de l'agriculteur, et concevant alors de la propriété une idée dont les incursionnistes sahariens éprouvaient de temps à autre l'énergique démonstration.

Plus encore ! Rhât, diminuée par notre occupation du Touât, c'est la dernière épreuve infligée aux intérêts commerciaux du Fezzan, cette dépendance de la Tripolitaine. Peut-être alors les Touaregs de l'Est renouvelleront-ils avec succès contre Rhât les tentatives qu'ils ont faites pour s'en emparer. Peut-être, enfin, les populations du Fezzan, qui, depuis longtemps, essaient de se dérober par l'émigration aux exigences militaires des Turcs, viendront-elles chercher refuge sur l'itinéraire de notre Transsaharien. Autant de choses possibles dont on aurait tort de rejeter la perspective dès à présent, car l'Afrique romaine, devenue l'Afrique française, est destinée à bien des métamorphoses.

LE SOUDAN FRANÇAIS — POLITIQUE SUIVIE
POLITIQUE A SUIVRE

L'union des possessions françaises du Soudan et de l'Algérie est menacée de rester toujours à l'état de projet si on n'essaie pas dès maintenant de concevoir le plan de cette union. Il ne s'agit pas, bien entendu, de raisonner comme on le pourrait faire sur un état de choses déterminé. De grands travaux préparatoires ont été accomplis; et, cependant, tout reste à faire. C'est ce que je vais essayer de démontrer.

De quoi se composent nos possessions du Soudan? Elles s'étendent de l'Atlantique au Niger, avec la rive droite du Sénégal et le Macina pour limites au nord et le royaume du Dahomey au sud; soit un ensemble de pays sans cohésion, dont la plupart sont à peine conquis, dont quelques-uns ne le sont pas encore.

Au milieu d'eux, des enclaves étrangères qui cherchent à s'étendre ; autour d'eux, des influences rivales qui cherchent à les accaparer commercialement, sinon politiquement. Voilà notre Soudan français, dont les destinées sont d'être relié au Soudan central par le Haut-Niger et à l'Algérie par le Sahara.

Il y a douze ans, M. le colonel Brière de l'Isle, gouverneur du Sénégal, renouvelant l'interprétation de la tentative exécutée en 1863 par Mage et Quintin, délégua un de ses officiers, M. Gallieni, auprès du sultan de Segou, Ahmadou, fils de cet El Hadj Oumar qui avait, en 1857, failli compromettre le sort de notre colonie, et lui donna mission d'obtenir un traité nous permettant de nous établir sur le Niger. Ce traité, conquis par son négociateur, fut signé à Nango le 30 novembre 1880. Il nous donnait pleine liberté de nous avancer jusqu'au grand fleuve (1).

(1) On a essayé d'établir que le texte arabe de ce traité de Nango n'était pas conforme au texte français et on en a conclu légèrement que le traité du 30 novembre 1880 était sans valeur officielle.

On n'a oublié qu'une chose : c'est qu'en pareil cas, c'est-à-dire lorsqu'il y a deux textes en langues différe..tes, c'est toujours le texte français qui prévaut. Ceci résulte d'un usage diplomatique.

Trois campagnes successives, dirigées par le colonel Borgnis-Desbordes, non pas contre Ahmadou, signataire du traité, mais contre un chef inconnu la veille, Samory, que ses projets sur la rive gauche du Niger rendaient hostile à toute convention nous permettant d'en prendre la possession exclusive, nous assurèrent l'exécution du traité de Nango.

En 1885-86, une dernière campagne du colonel Frey contre le même Samory prit fin par un traité, que le capitaine Péroz signa avec ce chef, traité lui accordant cette rive gauche du Niger d'où le colonel Borgnis-Desbordes l'avait chassé.

En 1886-87, une première campagne du colonel Gallieni aboutit à un autre traité avec Samory, traité que signa encore le capitaine Péroz, et par lequel la clause autorisant Samory à séjourner sur la rive gauche du Niger était annulée.

Le traité de 1886 était le résultat d'une guerre, celui de 1887 le résultat d'une négociation diplomatique.

En 1887-88, le fort de Siguiri était construit à l'extrême limite de nos possessions, en confirmation du traité de 1887.

Le lieutenant Caron, sur la canonnière *Niger*, était envoyé à Timbouctou, avec mission d'engager des relations avec les chefs de cette ville.

Tout ce qu'on pouvait désirer de cette mission au point de vue scientifique et de l'effet moral était obtenu. Pour la première fois, la France avait marqué son intention de ne pas s'en tenir à l'avant-poste de Bammako.

Enfin, le colonel Gallieni signait avec Samory, chef du Ouassoulou; avec Ahmadou, chef du Segou, du Kaarta et autres lieux; avec Aguibou, chef du Dinguiray, des traités plaçant les royaumes de ces almamys sous le protectorat de la France. Il signait, le 18 juin 1888, un traité du même genre avec Tieba, roi du Kénédougou et adversaire de Samory (1). Il pressentait, en signifiant ses intentions pacifiques, les sentiments imprégnés de perplexité des chefs du Fouta-Djallon.

Il augmentait de 250 kilomètres le domaine de la France du côté de la Gambie et plaçait sous notre protectorat tous les pays bordant la rive droite de cette rivière, à partir de Mac-Carthy, dernière expression anglaise.

Tels furent les résultats politiques de la campagne de 1887-88.

Entre temps, le capitaine Binger partait de Bam-

(1) Par l'intermédiaire du capitaine Septans. — Voir Appendice.

mako, traversait le Ouassoulou de Samory, arrivait au pays de Kong, avec lequel il signait un traité, recueillait d'utiles indications sur les territoires circonvoisins, et venait sortir par la vallée de l'Akba (1) à nos établissements de Grand-Bassam, démontrant ainsi géographiquement la jonction possible de nos postes du Niger à nos postes de Guinée.

Treich-Laplène qui, d'autre part, était allé à sa rencontre, avait signé avec le Bondoukou, sur la route de Kong, un traité d'amitié au nom de la France.

Ces résultats d'un élan de deux années que je viens d'énumérer ont-ils été profitables ? A-t-on seulement fait le nécessaire pour en assurer le maintien ? Y a-t-il eu conformité de sentiments pour la poursuite d'un même but ? C'est ce que nous allons examiner.

Dans l'Afrique du nord, nous n'avons compris que tardivement ce que nous. avions à faire au delà des limites que nous assignait provisoirement le Sahara.

Au Soudan occidental, tout ce qui a été accompli depuis douze ans pour le bien de nos intérêts avait été prévu longtemps à l'avance.

(1) Ou Comoé.

Le général Faidherbe avait formellement indiqué l'écart de Timbouctou à l'extrémité de la boucle du Niger comme champ d'extension de l'influence française, avec le Soudan central pour but. Il avait non moins formellement exprimé la nécessité de jonction du Soudan sénégalais à l'Algérie.

Le traité de Nango (1) a été la première mise à exécution de ce plan rationnellement économique. La mission du capitaine Binger en a été la seconde.

Le traité de Nango a eu ses corollaires méthodiques, avec intempérance d'événements militaires, sans aucun doute; mais, enfin, et politiquement parlant, il a été le point de départ d'initiatives utiles, quoique malheureusement écourtées. Le traité de Kong, suivi de celui du Bondoukou, n'a rien produit.

Etant donné, cependant, l'exécuteur d'un programme généralement reconnu bon, on a le droit de s'étonner que la disparition de l'exécuteur ait entraîné celle du programme. On a d'autant plus le droit de s'en étonner que ce programme appartenait, appartient encore non seulement à ceux qui l'ont mis en œuvre et qui ne songeaient certainement pas que d'autres viendraient après eux

(1) Voir Appendice.

pour le détruire ou l'arrêter dans son essort, mais appartient aussi à la France dont il résume les intérêts. Le malheur est que, précisément, ce programme est toujours resté pour compte à ses auteurs ; et que, jamais, le gouvernement français n'en a fait le sujet d'un article administratif destiné à être observé, sous les réserves compréhensibles de quelques modifications inspirées par les circonstances.

Or, des commandements militaires se sont succédé au Soudan français, qui, au lieu d'obéir à la nécessité d'un programme déterminé, se sont plu à ne s'inspirer que d'impressions personnelles, à l'exclusion de tout contrôle gouvernemental, voire même à l'exclusion de toute critique locale. Ceux-là seuls à qui la protestation est sainte, les noirs qui, depuis douze ans, ne vivent que d'intermittences de guerre et de menaces de guerre, n'ont pas le pouvoir de la faire entendre.

Pays noirs, pays inconnus, pays de silence ! Tel qui en revient peut en raconter ce que bon lui semble. Aucune voix généreuse n'en sort avec lui pour le convaincre d'erreur. La poésie séculaire de l'exotisme l'enveloppe de ses rayons et leur éclat dissimule les deuils immenses qui, là-bas, font d'une terre à civiliser une terre de détresse et de stérilité farouche. A quoi bon des programmes ! Le Soudan français est un discret champ de bataille où toute latitude est laissée à ceux qui s'y meuvent d'aller et venir au gré de leur fantaisie, d'imaginer des inimitiés, de forger des coalitions, de détruire pour rebâtir, puis démolir et réédifier encore, de changer le soupçon en certitude, d'encourager la cupidité, de décourager le travail, de mettre en mouvement des masses hallucinées, de les battre à petites ou à grandes doses, de dépenser en somme beaucoup d'argent pour anéantir et de n'en pas dépenser pour créer.

J'ai dit ce qui avait été fait il y a douze ans. Pendant ces douze années, je ne vois que la période qui va de la fin de 1886 à la fin de 1888 qui se signale par des actes de paix et de conciliation, d'ordre économique et de civilisation.

A part ces deux années d'exception, les autres n'appartiennent qu'au régime de la destruction. Pas une tentative de pondération, pas un essai de cohésion, pas une route ouverte, pas une école créée, pas un village fondé ; mais, la guerre qui réduit les populations déjà rares, qui ruine les familles, qui démoralise les consciences et ébranle les cœurs les meilleurs et les plus confiants.

Quelles conquêtes susceptibles de justifier la

guerre ont donc été réalisées par ce régime impie ?

Nous sommes allés au Fouta central, refuge de mécontents ? Mais, depuis vingt ans, on a eu vingt fois la tentation d'y aller et d'y établir un protectorat peut-être utile. On n'a pas considéré cette solution comme immédiatement indispensable ; et elle ne l'était pas, en effet, puisque le Fouta central était tranquille. Dans tous les cas, c'était assez de la guerre sur la rive droite du Sénégal et sur la rive droite du Niger sans y mêler un pays qu'on avait tout le temps d'amener au régime des autres.

Nous avons signé un traité de protectorat avec Dinguiray ? Mais, nous en avions déjà un depuis 1887 !

Nous avons pris et rasé, en 1889, ce qu'on a appelé la citadelle de Koundian ? Mais, voici ce que dit de cette place forte le capitaine Péroz (1) :

« ... Ce dernier vestige de la puissance Toucouleur ne mérite plus guère l'importance politique qu'on lui a longtemps attribuée. Huit ou dix *talibés* (cavaliers nobles) et une centaine de *sofas* y vivent encore sous le commandement de Boukari, ancien captif du conquérant noir.

... Il est difficile de se rendre compte des ser-

(1) Au Soudan français, 1889.

vices que peut rendre aujourd'hui aux Toucouleurs cette place perdue au milieu de régions reconnaissant toutes notre autorité...

... Le vieux chef de Koundian est en paix avec ses voisins. Il les déteste cordialement et ils le lui rendent bien; mais il fait néanmoins de réels efforts pour qu'une incartade de ses gens ne le mette pas en conflit avec l'autorité française. »

Nous sommes à Ségou? Mais, nous l'avions par protectorat, comme nous exercions celui-ci sur tout le royaume d'Ahmadou; protectorat platonique, assurément, mais incontesté, en attendant que la mort du fils d'El-Hadj vînt le rendre définitif. Ahmadou n'avait rien violé, rien trahi. Résigné devant l'avenir, il s'en était allé un jour de sa capitale et était venu dans Nioro, ne laissant derrière lui qu'un enfant pour témoigner à ses populations que la France généreuse ne ferait plus la guerre, car elle ne guerroie pas contre les adolescents. Sur la rive droite du Sénégal, il s'était fait le protecteur du commerce, punissant les pillards de nos escales et tenant en respect, à l'époque où Mahmadou-Lamine (1) prêchait l'insurrection, ceux qui avaient envie de suivre celui-ci. La cour martiale qui jugea Soybou, l'héroïque

(1) 1886-87-88.

fils du marabout, sut à quoi s'en tenir sur les vrais complices du père.

Nous sommes entrés en Ouassoulou, chez l'almamy Samory? Mais celui-ci non plus n'avait rien trahi. Il faisait la guerre, il la fera encore; mais à qui? A Tieba, son adversaire de longue date, qui, à lui seul, absorbe la moitié de sa vie. Entre temps, il la fait à des chefs de son voisinage ou même de son royaume. Grisé d'orgueil, peut-être d'impuissance, il tourne dans ses limites indécises comme un sanglier cerné par la meute; et rien n'est pourtant plus loin de son esprit que la pensée de nous attaquer. Mais rien n'est plus loin aussi de ses facultés compréhensives que nous puissions soutenir ses ennemis personnels contre lui, qui est notre protégé.

Que n'a-t-on pas dit de ce Samory pour justifier la guerre que nous nous obstinons à lui faire? Quels reproches ne lui a-t-on pas adressés qu'on ne puisse, d'ailleurs, adresser à tous les chefs noirs qui bataillent? Il est un de ces reproches, entre autres, qui tombe étrangement à faux si l'on s'en rapporte à l'opinion d'un témoin oculaire que j'ai déjà cité, le capitaine Péroz, qui, deux fois, en 1886 et en 1887, est allé au Ouassoulou.

Samory, ce destructeur d'hommes et de cités, ne serait donc pas le fléau qu'ou nous dépeint à tout propos ? Qu'en en juge :

« Depuis près de quinze ans, l'autorité de Samory, malgré ce qu'elle peut avoir de tyrannique, leur a donné (aux habitants du Ouassoulou) une paix profonde et une assurance complète du lendemain. Qu'on compare leurs cultures qui provoquèrent chez les membres de la mission une stupéfaction et une admiration si complètes, à celles de leurs frères de la rive gauche ; leur recherche du confortable et du beau à côté de la misère un peu voulue de nos Malinkés; qu'on établisse un parallèle entre le grand mouvement commercial de leurs marchés en relation constante avec les Anglais de la côté, malgré l'éloignement et les dangers du chemin et la lourdeur morne de nos établissements du haut Sénégal et du haut Niger! On sera alors moins prompt à juger si injustement ce peuple essentiellement commerçant et agriculteur! »

Voilà donc les conquêtes mystifiantes réalisées dans ces dernières années.

En revanche, quelles sont celles qui ne l'ont pas été? La Convention anglo-française de 1890 n'a rien changé aux plans antérieurs que nous avions ébauchés sur le Soudan. Elle n'a fait que, les accentuer en ce qui concerne la jonction de l'Algérie avec nos possessions occidentales.

Or, étant admis le protectorat des pays d'Ahmadou et celui des pays de Samory, d'une part; étant posé le principe de jonction énoncé d'autre part par la mission du capitaine Binger; étant donné, enfin, que l'unité n'était pas réalisée avec des territoires faisant partie nominalement mais non effectivement de nos possessions, comme le Fouta-Djallon et une grande partie des rivières du sud, que restait-il à faire, quelle était la suite à poursuivre du programme parfaitement déterminé dont l'exécution avait été commencée en 1881 et continuée en 1887?

Entre le pays de Ségou et Timbouctou, marquant la limite des royaumes noirs occidentaux et celle du Sahara, s'étend le Macina, dernière expression politique ayant quelque importance des deux éléments qui ont le plus fait pour et contre notre Soudan depuis un siècle : les Peuls et les Toucouleurs.

Le Macina, barrière sociale organisée contre ceux qui se disputent la possession de Timbouctou, Maures, Touaregs, Arabes et Berbères, sans compter l'influence marocaine; le Macina, grenier de Timbouctou, qui n'est qu'un camp sur le sol aride ; le Macina, clef du commerce occidental saharien, maître de la route du Touât et de l'Adrar, maître conséquemment de la route de Rhât et Rhâdamès ; le Macina, royaume indépendant, religieux par contact avec les fanatiques du Nord, sage par principe et sentiment de stabilité à l'égard des Bambaras, ses voisins turbulents, ou des talibés de Ségou dont il lui importait de ne pas réveiller les convoitises ; le Macina de Tidiani et de Mounirou pouvait nous appartenir dès 1889.

Dès 1887, le colonel Gallieni avait vu venir à lui le jeune Mounirou, frère d'Ahmadou, persécuté par celui-ci. Le colonel s'était d'abord entremis entre le cadet et l'aîné, opérant une sorte de réconciliation qui mettait à l'abri des intentions cruelles de son frère la tête de Mounirou. Puis, il avait donné à ce dernier un cheval, des armes, une bourse bien garnie et l'avait envoyé à son oncle Tidiani, à Bandiagara, avec une lettre de recommandation. Tidiani avait reçu cordialement le petit neveu et l'avait présenté autour de lui, si bien que, quelques mois après, la mort malicieuse étant venue chercher Tidiani, le neveu avait été désigné pour succéder à son oncle. Or, Mounirou, qui devait cette fortune inopinée au colonel Gallieni, lui avait dit en le quittant : « Je n'oublierai jamais ce que tu as fait pour moi. Souviens-toi plus tard qu'il y a au Macina un ami de la France! »

L'ami de la France comptait sans doute, en 1889, qu'on irait lui demander le paiement de sa dette de reconnaissance. La marche sur Ouosébougou, en 1890, à dû lui donner à penser une fois de plus que nous aimions quelquefois à prendre ce que nous pouvions obtenir sans canons.

Mais quelle a dû être sa surprise, on peut même dire son dépit, lorsqu'il a vu son frère Ahmadou attaqué de toutes parts, à l'est et à l'ouest de son royaume; lorsqu'il l'a vu vaincu dans le Kaarta, lorsqu'il l'a vu, enfin, venir à lui en fugitif!

Mounirou, dont la tête était mise à prix trois ans auparavant par Ahmadou, s'est incliné pieusement devant le malheur immérité de son aîné et a laissé ce déshérité prendre place à ses côtés sur le trône du Macina.

Le Macina, berceau Toucouleur, perdu jadis pour Ahmadou dans la tourmente des derniers ans de son père, redevient le foyer deux fois saint, où Ahmadou peut régénérer sa puissance sous l'égide de la persécution et des vieux souvenirs ravivés.

Ahmadou, saturé de résignation, restera cependant où il est. Mais, désormais, le Macina nous est fermé. Nous y avons semé la légende de mauvaise foi. Nous n'y entrerons que par les armes, ou en essayant peut-être de lancer contre lui les Bambaras, en vertu des conséquences naturelles d'un système qui ne dédaigne pas de tirer parti des intérêts politiques et des passions des noirs.

Ainsi les campagnes accomplies au Soudan depuis la fin de 1888 ne nous ont rien donné de plus que ce que nous avions déjà. Elles n'ont pas augmenté notre influence, elles ont diminué la sympathie qu'on pouvait avoir pour nous. Elles n'ont résolu aucune des questions en suspens, elles les ont compliquées. Elles n'ont pas simplifié les systèmes de pacification, elles ont innové une politique laborieuse dont nous pouvons être les premières victimes. Voilà la vérité!

Au milieu des guerres que nous avons engagées depuis douze ans, il est un pays resté indemne de tout compromis et que sa situation topographique seule a protégé contre les méprises de notre politique soudanaise : c'est le Fouta-Djallon.

Nous l'avons classé cartographiquement dans nos territoires et nous avons fait sanctionner diplomatiquement cette prise de possession fictive.

11.

Mais les voyages du lieutenant Lambert (1), en 1860, ceux de M. Olivier de Sanderval, en 1880-81, les seuls vraiment sérieux accomplis au Fouta-Djallon jusqu'en 1888 et susceptibles de nous donner des résultats, si on avait voulu en poursuivre la réalisation, ne nous ont pas donné beaucoup plus que celui de Ravaisson-Mollien en 1817.

Je sais bien qu'on oppose le traité de 1881 conclu par le docteur Bayol. Mais que signifie une semblable convention pour ceux-là qui jugent nécessaire de considérer comme nuls des traités passés avec tels ou tels chefs et de les renouveler deux ou trois ans après? J'ai déjà cité, à ce propos, l'exemple du Dinguiray. Il y a toutefois cette différence entre Aguibou et les Almamys du Fouta-Djallon que le premier n'est qu'un chef secondaire alors que ceux du Djallon sont maîtres d'un pays considérable qui, par sa constitution politique et sa position géographique, peut vivre en dehors des luttes qui se déroulent au pied de ses montagnes.

Ces luttes, cependant, n'ont pas été sans l'émouvoir. Le Djallon s'est demandé souvent si, en raison même des ouvertures pacifiques que nous

______

(1) Aujourd'hui général.

lui avions faites à différentes fois et qui sont restées sans lendemain, nous ne livrerions pas quelque jour l'assaut à ses plateaux; si nous ne résoudrions pas sa conquête par la force comme nous l'avons fait pour les voisins d'en bas.

Ces impressions se sont formellement exprimées chaque fois que, dans ces dernières années, nous avons essayé d'engager des relations même au moyen de missions pacifiques. Celles-ci avaient, d'ailleurs, le malheur de toujours suivre de près une lutte quelconque. Un seul homme aurait pu peut-être dissiper le malentendu et nous faire ouvrir la porte du Djallon si nous avions eu l'habileté de nous ménager en lui un auxiliaire à qui son âge, sa sagesse, sa position acquise et ses relations dynastiques assuraient toute l'autorité nécessaire. Cet homme est Aguibou. Mais, il importait de ne pas exaspérer sa patience par l'inutile prise de Koundian et par les persécutions dont son frère Ahmadou est l'objet depuis trois ans.

A tant faire que d'adopter un système de politique noire par les chefs noirs, il valait mieux se servir de l'honnête intervention d'un chef intelligent et pacifique pour une œuvre de paix que d'encourager les instincts désastreux du belliqueux Tieba contre le non moins belliqueux Samory.

Il importait donc, à tout prix, d'en finir une bonne fois avec la question du protectorat du Fouta-Djallon.

Le voyage du capitaine Binger nous avait, d'autre part, imposé l'obligation opportune d'achever ce qu'il avait commencé.

Pour ce faire, et puisque nous avions pris la détermination d'envoyer auprès de Tieba un délégué spécial, nous avions le devoir, non point d'encourager la lutte entre lui et Samory, encore moins de lui rendre cette lutte favorable par nos conseils techniques, mais de pratiquer entre lui et l'almamy du Ouassoulou une politique d'apaisement, fortifiée par quelques sacrifices auxquels les deux belligérants n'eussent pas été insensibles. Ceux que nous aurions faits dans cette circonstance eussent bien valu, ce me semble, ceux que nous faisons présentement en faveur du roi du Dahomey.

La tranquillité obtenue dans cette partie de la boucle du Niger, nous aurions pu compléter par le détail l'œuvre du capitaine Binger, régulariser notre situation au Bondoukou et au Kong, acheter à notre profit et à celui de Tieba l'indépendance du Follona, ce cauchemar du Kanédougou au même titre que Samory; pressentir la possibilité d'un protectorat du Mossi; en tout cas, anticiper sur l'influence grandissante du marabout Ali-Karri, dont l'effervescente propagande pourrait bien, avant qu'il soit longtemps, emporter comme un vent d'orage l'édifice fragile des espérances que nous avons fondées sur l'amitié de Tieba.

Je crois avoir laissé entendre que nous devions cette amitié de Tieba à la pensée bien simple qu'il avait eue de s'allier aux vainqueurs de Samory pour pouvoir, à son tour, battre plus aisément ce dernier. Notre grand tort, erreur déplorable, a été de nous associer à cette pensée.

Je vais, d'ailleurs, emprunter quelques-uns de mes arguments au rapport même du capitaine Quiquandon qui, pendant trois ans, a été chargé de représenter la France auprès de Tieba.

« Tieba ne pardonnera jamais à Samory d'être venu dans son pays mettre le siège devant Sikasso, sa capitale, alors qu'il ne lui avait rien fait. Après une longue lutte, Tieba a réussi à repousser Samory, à le rejeter en dehors de ses États; mais cette lutte terrible lui a coûté la plupart de ses braves guerriers. Samory n'oubliera jamais que Tieba a été le seul noir qui ait su lui résister et le forcer à fuir honteusement devant lui ; que, dans les guerriers de ce dernier, il a rencontré une muraille vivante qui a arrêté net sa marche victorieuse dans l'Est et l'a forcé à se limiter dans son pays. Or, Samory, ne pouvant vivre, subsister que par le pillage, la vente des esclaves, a eu la folie de violer les traités passés avec nous, et aujourd'hui que Bissandougou, sa capitale, est détruite, que Kankan est occupée par des forces françaises, il doit songer avec rage que si Tieba ne s'était pas trouvé sur sa route, libre de piller dans l'est, il n'eût pas été tenté de s'attaquer à nous. Qui sait, en effet, où serait aujourd'hui Samory s'il avait réussi dans sa tentative contre Sikasso? Sikasso brisé, aucune force ne pouvait lui être opposée plus loin, et tous les pays de la boucle du Niger, sans défense, seraient devenus la proie de ce grand marchand d'esclaves. »

Combien il nous serait facile d'insister sur l'étrange défense de Tieba prise par l'auteur des lignes ci-dessus; tout en faisant observer que Tieba, ayant vaincu Samory, a nécessairement eu tous les honneurs de la guerre. Que Samory et Tieba se haïssent, avons-nous vraiment quelque chose à y voir?

Comment concilier d'autre part cette manière de faire de Samory qui viole ses traités avec nous après avoir été ou parce qu'il a été vaincu par Tieba? On ne comprend pas bien pourquoi la faculté gagnée par le sympathique Tieba de piller dans l'Est a pu donner la tentation à Samory de nous attaquer. Mais ceci est de peu d'importance.

Admettons que Sikasso ait sauvé la boucle du Niger.

Si, pourtant, Samory avait été vainqueur de Tieba et avait fait suivre cette victoire de la conquête soi-disant facile de tous les territoires qui s'étendent du grand fleuve à la côte de Guinée, y compris Kong bien entendu, le résultat aurait-il été aussi mauvais pour nos intérêts que semble le dire le capitaine Quiquandon, surtout si nous nous plaçons au point de vue de la théorie politique soutenue en faveur de Tieba?

Samory, vainqueur du Niger à l'Atlantique, c'était la violation de nos droits éventuels sur Kong et le Mossi; c'était pour nous le droit d'intervenir militairement dans la boucle du Niger, avec la double base d'opérations de Bammako et de Grand Bassam; c'était la faculté à nous offerte d'en finir avec le royaume du Ouassoulou pour les dangers qu'il faisait courir, et avec les autres royaumes pour les dangers qu'ils couraient. Le pire qui pouvait en résulter pour nous était de ne pas être absolument considérés comme les libérateurs !

Mais, quel fonds avons-nous donc à faire sur ce Tieba, sur son royaume et sur son avenir pour lui avoir donné ainsi la préférence de nos sympathies?

C'est encore le capitaine Quiquandon qui va nous répondre.

Tieba « nous a donné, dit-il dans son rapport, de nombreuses marqués de confiance. A Loutana, lorsqu'il fut blessé, il se laissa volontiers panser par le docteur Crozat, alors que jusqu'à ce jour il s'était soigné lui-même, ne permettant à personne de toucher à ses blessures. De même, s'il était malade, il recourait aux soins du docteur, et il acceptait de bonne grâce, de sa main, les potions les moins agréables. Or, on sait la défiance superstitieuse habituelle aux chefs noirs, qui font goûter devant eux tous les breuvages qu'on leur présente. Nous étions d'autant plus touchés de ces preuves de confiance que, *de tout son entourage, Tieba seul* nous les donnait.

Cette sympathie, au dire de ses ennemis, il est vrai, ne serait *pas tout à fait désintéressée :* « Vous avez tort de vous fier à Tieba, disaient au docteur Crozat les Ouattara de Dioufourma; il vous fait bon visage, parce qu'il a besoin de vous; mais, prenez garde, le jour où il se sentira assez fort, il vous

chassera de chez lui et vous fermera son pays. »
« Il y a, sûrement, là une grande exagération. Que Tieba soit amené à rechercher notre amitié pour les avantages qu'elle peut lui valoir, la chose est en effet probable ; mais cette recherche, il la fait, je crois, franchement et sans arrière-pensée. Il a dû, en effet, lutter contre le sentiment public, contre l'avis de ses conseillers, pour faire aux Français, dans son pays, la place qu'il leur a faite ; incité par ses conseillers, il ne voulait pas tout d'abord voir des tirailleurs venir dans son pays, pour l'aider à lutter contre Samory ; j'ai dit comment on nous accusa un moment de construire peut-être un poste à Sikasso ; notre arrivée même auprès de lui avait été discutée, mal interprétée, vue défavorablement par beaucoup. »

Il semble donc, au contraire, que « la sympathie personnelle de Tieba à notre égard soit notre plus fort appui dans le Kénédougou. On peut même dire que, jusqu'à présent, c'est sur sa tête seule que repose notre influence. »

Voilà qui est clair! Et, pour me servir du cliché habituel, ces lignes du capitaine Quiquandon pourraient se passer de commentaires.

Je me bornerai à faire observer que dans un

pays où les questions de personne tiennent la première place, la disparition de Tieba entrainerait avec elle celle de l'influence française.

Mais, tout cela ne nous dit pas encore suffisamment pourquoi nous nous sommes mis avec Tieba contre Samory.

La raison péremptoire, dont notre alliance avec le chef du Kénédougou n'est qu'une application particulière en attendant qu'elle devienne générale, la voici contenue dans cette conclusion du capitaine Quiquandon :

« Il faut, à mon avis, se servir des chefs indigènes sûrs, et conquérir *nous-mêmes*, avec leurs moyens. »

Tel est le résumé d'un système absolument nouveau dans notre Soudan français. Sans parler de ce qu'il a d'immoral, il peut nous mener loin. Il est basé sur les ambitions de quelques chefs et sur l'appui que nous donnerons à ces ambitions. Il implique fatalement la nécessité de la guerre. Il inaugure un régime de duperies dont nous serons les acteurs. Il économise notre sang en raison directe du mépris que nous aurons plus que jamais pour la vie des noirs.

C'est là un genre de politique monstrueusement égoïste qu'on a reproché longtemps aux Anglais de

pratiquer. Je ne sais si leur très grand sens économique ne les défend pas contre de semblables
procédés ; mais, je sais, d'autre part, que cette politique serait indigne de la France si celle-ci continuait à s'en servir.

CE QUE DOIT ÈTRE LE SOUDAN FRANÇAIS

J'ai dû, en rappelant plus haut ce que nous
avons fait pour l'Afrique occidentale depuis quelques années, insister d'abord sur la plus ancienne
de nos possessions, sur celle qui a fixé l'attention
avant toutes les autres et qui est devenue, par
conquêtes successives, ce qu'on nomme aujour-
d'hui le Soudan français.

Je vais maintenant le définir dans ce qu'il doit
être.

Le Soudan français, limité jusqu'à la Convention de 1890 au royaume de Segou dans sa partie
orientale, s'étend désormais, par droit de textes
diplomatiques, jusqu'au lac Tchad. Une ligne partant de Saï, sur le Niger, et passant au-dessus de
Sokoto et de Kouka, nous attribue tous les territoires au-dessus de ces deux villes, sans contesta-

tion possible. Du Tchad au 20° de longitude Est, la délimitation n'est pas encore fixée. Quel que soit le sort de l'Ouadaï, il est une zone dont la destinée ne doit appartenir à personne autre qu'à la France : c'est celle qui, partant du Kanem inclusivement, absorbe le Borkou, le Tebou, les lacs salés de Bilma, et va s'imposer une frontière politique acquise aux oasis turques de Rhât et de Rhâdamès.

Au sud, le Soudan français commence au Dahomey. Ses limites doivent englober l'arrière-pays de ce royaume jusqu'à la rive droite du Niger inclusivement, avec Saï pour point de rencontre. Elles peuvent s'appuyer sur le 10° de latitude, sacrifiant ainsi une partie du bassin de la Volta, exploré par le capitaine Binger, alors que pour éviter cette injuste conclusion elles devraient s'appuyer sur le 8°. Du territoire d'Assinie au Bondoukou, elles suivent le 5° de longitude ouest. Entre ce 5° et le Dahomey, les enclaves anglaise et allemande de Cape Coast-Achanti et Togo remontent jusqu'à ce 10°, limite illusoire de notre zone d'influence, puisque la cartographie étrangère l'a déjà franchie (1).

(1) Le capitaine Binger a été chargé en décembre dernier d'une nouvelle mission dont l'objet principal est précisément

Enfin, du Cap des Palmes à nos Rivières du sud, l'enclave de Libéria menace de prendre à nos dépens son hinterland (1) en attendant qu'elle devienne anglaise; et l'enclave anglaise de Sierra Leone a poussé ses frontières à cinquante lieues de Bissandougou, capitale des Etats de Samory.

Un peu plus haut, la Guinée portugaise demeure une bague au doigt du Portugal; et l'établissement anglais de la Gambie reste une anomalie incon-

de s'entendre avec nos voisins sur nos frontières définitives de ce côté.

Le territoire de Salaga, touché par le capitaine Binger, a été visité récemment par MM. Krause et Kling, venus du Togo. Le plus curieux, c'est qu'en réponse à leurs propositions de protectorat, on leur a généralement objecté que les chefs locaux auraient à consulter les Anglais.

(2) Libéria a refusé, en septembre dernier, de s'entendre avec le Dr Ballay, notre délégué. La République noire, à l'instigation anglaise, conteste nos droits entre le Rio Cavally et la Rivière San-Pedro. Le voyage du lieutenant Quiquerez a justifié une fois de plus nos revendications jusqu'au Rio Cavally, et la note suivante a paru à ce sujet dans le *Journal officiel* du 23 décembre 1891 :

« Le Président de la République ayant, par un décret en date du 6 septembre 1891, ratifié de nouveaux traités de protectorat confirmant les traités antérieurs· et conclus avec les chefs des pays de la côte d'Ivoire compris entre le Lahou et la rivière Cavally, notification de ces arrangements a été donnée par le gouvernement de la République aux puissances signataires de l'Acte général de la Conférence de Berlin. »

cevable qu'un accord du 10 août 1889 a rendue menaçante.

J'ai dit les lacunes qui sont, dans cet ensemble, laissées à notre responsabilité. La cohésion du Soudan français, à ne considérer que la partie comprise dans la boucle du Niger, est entièrement subordonnée à un protectorat effectif exercé sur le Fouta-Djallon, le Macina et le Mossi. Ce sont du moins des solutions de continuité qui s'imposent le plus immédiatement à notre prévoyance. Mais, il est d'autres points sur lesquels doit aussi se porter notre attention.

Toute amorce au continent africain engage fatalement l'avenir. Le traité du 19 mai 1868 (1), conclu par la France avec le Dahomey, nous a cédé Kotonou parce qu'il nous était indispensable d'avoir ce point de la côte, voisin de Porto-Novo, afin d'affranchir cette dernière possession de la sujétion douanière dans laquelle elle se trouvait à l'égard de Lagos, colonie anglaise.

Ce traité ne faisait aucune allusion à Wydah et au fort que la France y possède depuis le quatorzième siècle. On sait que « depuis 1841, la jouissance et la garde » de ce fort, dépourvu de garnison

____

(1) Confirmé par le traité du 19 avril 1878.

depuis 1797, « ont été remises à des négociants français », sous réserve de reprise par l'Etat quand il jugera cette mesure nécessaire (1).

La possession de ce fort de Wydah a, d'autre part, été formellement reconnue à la France par l'article 9 du traité passé le 1er juillet 1851 avec le Dahomey (2).

Enfin, le traité du 19 avril 1878, confirmant celui du 19 mai 1868, répare la lacune constatée dans celui-ci au sujet de Wydah et dit que « toutes les servitudes imposées aux résidents français au Dahomey, et particulièrement aux habitants du fort de Wydah, sont et demeurent réservées » (3).

Pourtant, le traité du 3 octobre 1890 ne mentionne en aucune manière cette question du fort

(1) M. Billot, ministre de France à Lisbonne, a rappelé cette situation au gouvernement portugais par lettres du 16 et du 23 février 1886, en réponse à la notification faite par ce gouvernement de l'établissement de son protectorat sur la côte du Dahomey; protectorat qui n'eut pas de suite, d'ailleurs, et dont le cabinet de Lisbonne signifia officiellement l'abandon le 26 décembre de l'année suivante.

(2) « Pour conserver l'intégrité du territoire appartenant au Fort français, tous les murs ou bâtiments construits en dedans de la distance réservée (treize brasses à partir du revers extérieur des fossés d'enceinte) seront abattus immédiatement, et il sera fait défense par le Roi d'en construire de nouveaux. »

(3) Article VI.

de Wydah (1), qui a cependant quelque importance puisqu'elle a été pour une bonne part dans les considérations qui ont fait abandonner par le Portugal, en 1886, son idée de protectorat sur le littoral du Dahomey. La propriété du fort de Wydah fut, à cette époque, défendue avec une grande énergie par notre diplomatie en Portugal et par nos commandants de Kotonou. On a d'autant plus de peine à comprendre cet oubli que le traité du 3 octobre 1890 n'est pas autre chose qu'une confirmation chèrement payée des traités de 1868 et 1878.

Quant aux avantages qui résultent pour la France de ce dernier traité, ils sont absolument nuls si on les compare à ceux qu'elle aurait pu recueillir en apportant plus de résolution et de logique dans ses revendications. Il y a en matière coloniale une loi qu'on pourrait appeler la loi des équivalences et dont l'Angleterre, en particulier, nous donne constamment une démonstration sai-

(1) Du moins, voici la seule phrase du traité sur laquelle on puisse s'appuyer dans l'avenir : « Avons arrêté, d'un commun accord, l'arrangement suivant qui *laisse intacts tous les traités ou conventions antérieurement conclus* entre la France et le Dahomey. » Cette clause est absolument insuffisante. Jamais le Dahomey ne voudra la comprendre. Avec des noirs, il faut savoir se répéter.

sissante. Nous avons méprisé cette loi avec une
rare désinvolture le jour où, par exemple, nous
avons donné à l'Allemagne un Togoland tout préparé en lui cédant (1) nos comptoirs des Popos en
échange de ce que nous n'avions pas perdu. On
sait les faits qui amenèrent cette étrange transaction. L'Allemagne, supposant avec plus ou moins
d'à-propos que nos Rivières du Sud étaient le dernier de nos soucis, avait témoigné le vif désir d'en
prendre une bonne partie. Ce fut donc pour com-
penser de simples espérances perdues que la
France offrit à l'Allemagne le territoire des Popos
sur lequel nous exercions un protectorat depuis 1883. A tant faire que d'offrir quelque chose ,
il eût été plus rationnel d'abandonner le Dahomey.
L'Allemagne aurait trouvé là une ample matière
à colonisation qui eût peut-être gêné l'Angleterre ,
pendant que nous nous évitions de graves embarra s
dans l'avenir. Car, n'ayant pas su prendre ce qu
nous était nécessaire au moment opportun, nous
sommes non seulement menacés de voir nos comptoirs du Dahomey toujours en péril au seuil du
Dahomey ; mais, il est malheureusement à craindre
que nous ne soyons enclavés par ceux-là mêmes,

(1) Convention du 24 décembre 1885.

voisins de droite et de gauche, à qui nous avons donné ce qui nous appartenait, à qui nous avons laissé prendre ce qui ne devait jamais leur appartenir.

N'ayant pas su prévoir nos perspectives territoriales et commerciales du côté du Soudan, nous devions au moins prévoir, au moment de cette convention du 24 décembre 1885 avec l'Allemagne, et en considération des événements commerciaux de 1882 au Bas-Niger, la tendance rationnelle de l'Angleterre à se développer du côté de l'Est, c'est-à-dire au profit des dispositions déjà prises par elle en vue de s'assurer la possession du Bas-Niger. Les territoires du Yoruba (Niagos et Egbas) étaient faits pour nous tenter, d'autant que les populations d'Abéokouta sont précisément des victimes de ce Dahomey dont nous n'avions nulle envie, à cette époque, de nous emparer. Une communauté d'intérêts entre elles et notre établissement de Porto-Novo justifiait de notre part toute tentative qui aurait eu pour objet de protéger ces populations contre leurs voisins de l'Ouest et de nous affranchir nous-mêmes des incommodants contacts de ces mêmes voisins.

Les Egbas sont, en effet, dans une situation d'où il leur sera impossible de sortir autrement qu'en se donnant à ces mêmes Anglais, dont ils ont repoussé jadis *les* avances et à qui ils n'ont pas encore pardonné de leur avoir pris leur littoral. Exposés aux perpétuelles attaques des Dahoméens, leur population s'accroît constamment de tous les fuyards qui cherchent à échapper à ces odieux voisins. Mais, en raison même de ces attaques, il leur est impossible de se livrer à des travaux de culture proportionnés à l'accroissement de leurs besoins. De quelque côté qu'ils se tournent, les ressources ou les moyens d'en trouver leur manquent totalement. Une seule issue leur est laissée, qui leur donnera en même temps la protection qui leur manque : c'est la colonie anglaise de Lagos.

Le traité de commerce signé en mars 1888 par M. Viard avec les Egbas, c'est-à-dire postérieurement à la prise de possession du Bas-Niger par les Anglais, était encore une occasion pour nous de réparer le temps perdu. Dans tous les cas, la prise en considération de ce traité nous permettait, sans rien tenter contre le Dahomey, de couvrir notre zone d'influence sur la rive droite du Niger et de prévenir une extension désastreuse, tant du côté du Bas-Niger que du côté du Togoland et de l'Achanti.

En ce qui concerne Grand-Bassam et Assinie, des regrets de même ordre sont à exprimer.

Les conclusions de la mission Binger faisaient, des deux territoires une tête de frontière qu'il importait de relier sans retard à toutes les parties diffuses de la boucle du Niger. Non seulement ils sont le dérivatif obligé de nos futures transactions commerciales dans le pays de Kong, mais ils sont aussi une base d'opérations pour tout ce qui nous reste à faire à l'ouest de cette Guinée septentrionale que nous n'avons encore ébauchée nationalement que par de menus comptoirs. De ce côté encore des travaux d'exploration sont à entreprendre qu'il importe impérieusement de protéger. La République voisine de Libéria, malmenée, dépouillée graduellement de ses acquisitions côtières par le gouvernement de Sierra-Leone, nous est un exemple que dans cette partie du littoral comme en Mellacorée l'âpreté de nos rivaux n'a pas de limites ; avec cette différence que la France est une nation puissante et que les Libériens sont faibles (1).

(1) En 1877, un Comité anglais conçut le projet d'un chemin de fer qui devait partir de Libéria pour aboutir au Soudan central, précisément dans la direction de Saï. Les Libériens endossaient la responsabilité de ce projet ; et une

Il est absolument indispensable de définir dores et déjà les frontières de Samory du côté de Sierra-Leone et de Libéria (1). Si cette question n'est pas tranchée au plus vite, à l'exclusion absolue, d'ailleurs, de toute convention anglaise qui ne serait qu'une violation de notre traité de protectorat de 1887 sur le Ouassoulou, ce royaume ne nous reviendrait que considérablement réduit sous la pression anglo-libérienne, les noirs de Monrovia n'étant point faits pour constituer une neutralité, mais étant condamnés eux-mêmes à ne vivre un jour que de la protection de l'Angleterre.

somme de 60,000 dollars fut sollicitée, en leur nom, du Congrès de Wasinghton, pour payer les études préliminaires. Les États-Unis, soupçonneux, refusèrent cette somme à leurs anciens affranchis. Cela ne veut pas dire que l'Angleterre ne reprendra pas ce même projet.

(1) La voie que nous a laissée la Convention du 10 août 1839 pour aller de nos Rivières du Sud chez Samory par le sud du Fouta-Djallon est absolument dérisoire. Une commission est en ce moment chargée de fixer de ce côté nos limites avec le territoire de Sierra-Leone.

LE CONGO FRANÇAIS

En ce qui concerne le Congo, j'ai dit la très intéressante expérience de raccordement dont il est
l'objet avec le Soudan central, et j'ai cru pouvoir
faire remarquer le rôle d'attirance protectrice que
cette tentative lui imposerait sans doute un jour.
C'est ce même rôle que son organisateur, M. de
Brazza, s'efforce d'exercer à l'égard de ses populations.

Le Congo français subit encore une œuvre de
pénétration prudente et intelligente. C'est folie,
pour qui sait la formidable barrière que nous
opposaient ses habitants et qu'ils commencent à
peine à nous ouvrir, de vouloir demander davantage au Congo. Certes, cela diffère peut-être des
procédés plus vifs employés sur la rive gauche.
Mais, c'est bien l'unique et morale manière de

vaincre la défiance, de dissiper la barbarie de ces peuples dont quelques types, comme les Pahouins, sont admirables d'énergie.

Raison de bon sens ou nécessité de conservation, c'est la première fois que nous assistons à une œuvre diplomatique et patiente avec l'élément noir.

Cette sorte d'éducation préalable peut ne pas répondre à tous les désirs d'entreprises. Il est cependant souhaitable qu'elle subsiste et soit encouragée pour mieux préparer le Congo français à ce qu'il doit être dans l'avenir, c'est-à-dire un pays de richesses agricoles (1), dont la moralité en avance sur celle de ses voisins fera de lui non plus une barrière de barbarie mais de civilisation.

Le Congo peut, si l'on veut, être considéré comme une colonie d'expérience inédite. Cela en vaut la peine.

Plus qu'ailleurs, on n'y fera rien sans l'élément noir. Tout ce qui est fait pour développer en lui la confiance, la quiétude et le sentiment des honnêtes labeurs doit donc prévaloir sur tout le reste. Il s'agit moins d'en faire un agent malléable d'intérêts égoïstes qu'un maître et un interprète

(1) Le principal élément commercial du Congo consiste en ivoire et en esclaves. Il faut donc trouver autre chose.

conscient de son sol vierge. Il s'agit moins de songer à lui donner des chemins de fer qu'à lui faire comprendre l'utilité d'ouvrir des routes. La voie ferrée n'est pas une œuvre de noir et les machines à vapeur n'apportent pas toujours avec elles une juste mesure de progrès. Celui-ci vient quelquefois trop vite, chez les noirs. Les routes, au contraire, sont l'œuvre et le bienfait des primitifs, et les primitifs sont des marcheurs.

RÉSUMÉ POLITIQUE

Les questions d'ordre politique dont l'importance doit désormais fixer notre attention au Soudan occidental sont les suivantes.

La paix, d'abord, doit être observée, maintenue à tout prix.

. Elle peut être imposée entre Samory et Tieba.

Dans tous les cas, nous ne pouvons pas favoriser Tieba contre Samory sans autres compensations que celles que nous laisse entrevoir présentement le Kénédougou. Ou nous devons exiger beaucoup pour intervenir avec fruit, ou nous devons ne pas intervenir pour n'avoir rien à exiger. Toute ingérence militante de notre part nous compromet inutilement.

Le mieux, le plus rationnel, le plus sage et aussi

le plus loyal est d'appuyer sur Samory notre action dans la boucle du Niger.

Nous devons essayer de résoudre la question du
Macina. La présence d'Ahmadou, notre vaincu
d'hier, pour être une difficulté, ne saurait être
un obstacle. Avec un homme du tempérament
de Mounirou, nous pouvons obtenir un ensemble
de concessions au profit d'Ahmadou et de nous-
mêmes dont celui-ci serait constitué garant.
L'adversaire d'hier peut encore être un allié!
S'imaginer qu'Ahmadou sera au Macina le puissant qu'il fut à Segou serait, au surplus, une illusion. Il y sera le commensal accrédité d'un trône
arraché à son père, mais rien autre. Je ne crois
pas à la reconstitution d'un empire, violemment
dissident depuis trente ans, au profit du suc-
cesseur d'El Hadj. Les royaumes noirs sont, d'ailleurs, au recueillement bien plus qu'à autre chose.
La désagrégation de celui d'Ahmadou a eu nécessairement son contre-coup au Macina. Celui-ci
cependant est la dernière barrière qui nous sépare
de Timbouctou. Mais, il est aussi le maître des
destinées de la ville saharienne, parce qu'il la
nourrit et entretient l'équilibre entre les éléments
qui la convoitent.

Les Berbères occidentaux ont parfaitement pres-

senti notre occupation de Timbouctou par la perspective de notre occupation du Macina. Les Touaregs qui, en avril 1887, descendirent jusqu'à
40 kilomètres au nord de Sokolo, au moment où
le docteur Tautain et le lieutenant Quiquandon
accomplissaient de ce côté une très remarquable
mission politique, eurent très certainement la
vision de notre approche avant d'en avoir la certitude un peu plus tard dans la présence à Kabara
d'une de nos canonnières.

Quels sentiments ne doivent-ils pas éprouver
aujourd'hui qu'ils pressentent notre descente sur
le Touât? N'allons-nous pas tenir la fameuse route
qui pendant des siècles a été la fortune de l'Ouest?
N'allons-nous pas empêcher de passer l'esclave,
cette marchandise qui s'écoulait encore si bien au
Maroc et convenablement à Rhadamès ?

Que faire? Renouveler la marche en avant de
jadis et tenter de s'installer avant nous à Timbouctou? Le Macina doit les en empêcher. Nous
devons faire le nécessaire pour qu'il en soit ainsi,
quand nous devrions aller jusqu'à la suppression
même de ce misérable bourg saharien et faire
tomber sa légende avec sa raison d'être commerciale !

L'occupation du Macina est plus indispensable

que l'occupation du Touât. C'était là qu'il fallait aller et non sur la rive droite du Sénégal. C'est la clef même de la jonction de notre Soudan occidental avec l'Algérie, au point dè vue politique, commercial et religieux.

La question du Fouta-Djallon, malgré le traité Plat, est encore en suspens, comme elle l'est depuis tous les traités antérieurs. A lui seul, M. Olivier de Sanderval en a conclu ou fait conclure deux. Le gouverneur de la Gambie qui, entre les deux missions de M. Olivier (1), était allé, lui aussi, à Timbo, en a peut-être bien conclu un pour le compte de l'Angleterre, sauf à ne pas oser le produire puisqu'il arrivait après les nôtres. Mais, de tous ces traités, autant emporte le vent!

Il y a lieu d'envoyer à Timbo une mission politique et commerciale permanente ; en même temps que devrait s'opérer le reliement des Rivières du Sud au Fouta-Djallon par un réseau

(1) La première mission, accomplie par M. Olivier, aboutit au traité du 2 juin 1880, qui autorisait notre compatriote à construire un chemin de fer.

La seconde mission, composée de MM. Gaboriau, de Fontenay, Ansaldi, et organisée aux frais de M. Olivier, aboutit au traité du 10 juillet 1881, qui confirmait celui de l'année précédente.

de routes ou même une voie ferrée, ce qui vaudrait mieux. Il y a longtemps qu'on signale avec raison le Djallon et les rivières du Sud comme des foyers de culture propres à une exploitation féconde. Mais le Djallon a quelque importance particulière. Il est un centre hygiénique par son altitude moyenne et un point stratégique par ses difficultés d'accès. Le gouvernement de Sierra-Leone n'a cessé d'en convoiter la possession. Il est certain qu'en plus des avantages que je viens de rappeler, c'est un des points intéressants du Soudan occidental où l'Européen puisse s'établir et travailler.

On y accéderait sans doute le plus commodément par la haute Mellacorée, ainsi que l'a indiqué après enquête personnelle le capitaine Audéoud.

Quant aux Rivières du Sud, il est nécessaire de définir une fois pour toutes leur situation administrative au point de vue du gouvernement général du Soudan (1).

Après avoir fait partie intégrante de ce gouver-

(1) Ce sera le terme qu'il conviendra d'employer pour désigner l'ensemble de tous nos territoires soudanais, y compris le Sénégal et les rivières du Sud.

nement, elles en ont été séparées, lui ont été de nouveau rattachées (1), puis ont été affectées à un gouvernement spécial, celui de la Guinée française (2) !

Elles n'auraient jamais dû être séparées du Sénégal. Il y avait à cela un premier intérêt majeur : leur absence de cohésion avec les autres parties de notre Soudan.

Or, de ce fait, elles appartenaient bien plus à la juridiction du commandant supérieur qu'à tout autre pouvoir.

Comment, en effet, analyser consciencieusement la raison d'être du commandement supérieur ? A-t-il pour fonctions exclusives de ravitailler des postes, d'en créer de nouveaux, de faire la guerre, de tuer quelques milliers de noirs et de dépenser pour cela quelques millions ? Evidemment non.

Il a aussi pour mission d'unir ce qui est désuni, de coordonner ce qui manque d'ordre, d'unifier tout ce qui doit faire partie de notre unité territoriale.

(1) La Chambre de commerce de Liverpool vient d'adresser (décembre 1891) à lord Salisbury une pétition où sont blâmées les dernières conventions anglo-françaises relatives aux Rivières du Sud, sous prétexte qu'elles ont porté atteinte au commerce anglais.

(2) Avec M. le docteur Ballay pour gouverneur.

Il faut cependant convenir que les Rivières du Sud ont été singulièrement négligées à ce point de vue.

Elles l'ont si bien été que les Anglais de Sierra Leone ont pu impunément jusqu'à ce jour y trouver leurs meilleures voies commerciales et le plus net de leurs revenus.

Il a fallu les missions organisées par le colonel Gallieni, du haut Niger et de la haute Falémé jusqu'à la Mellacorée, pour contrarier cet état de choses et surtout appeler sur lui l'attention du commerce français. Déjà, le même officier avait, pendant son commandement supérieur, établi péremptoirement que les caravanes de l'Est à la côte pouvaient être détournées de leurs itinéraires habituels au profit de nos établissements. Il eût été intéressant de prendre à l'égard des Rivières du Sud des dispositions identiques à celles qui avaient été prises dans la haute Gambie (1). On a eu le tort de ne pas s'en préoccuper.

C'est que les Rivières du Sud sont restées, on ne sait pourquoi, en dehors de l'action du comman-

(1) Dispositions en partie annulées par la désastreuse convention du 10 août 1889, qui porte les possessions de la Gambie anglaise à près de 400 kilomètres de l'embouchure de cette rivière.

dement supérieur, comme elles étaient, et seront désormais la dernière des préoccupations du gouvernement de Saint-Louis.

Pour ce qu'elles valent cependant, et elles valent certainement beaucoup, il importait de les signaler au commandement du Soudan, en étendant au besoin les pouvoirs de celui-ci; car on ne saurait comprendre que ses attributions n'aillent pas jusque-là.

Le véritable arbitre des affaires indigènes et politiques, c'est-à-dire au point de vue des voisins étrangers comme à celui des noirs, doit être le commandant supérieur du Soudan. En dehors des arrondissements de Saint-Louis, lui seul peut savoir exactement le sentiment des populations et a les moyens nécessaires pour réaliser cette unité dont je parlais plus haut. Il est certain que jamais, avec un commandant militaire responsable, le gouvernement de Sierra-Leone n'aurait osé nous causer les ennuis qu'il nous a suscités en Mellacorée (1).

Plus tard, lorsque nos commerçants auront multiplié les intérêts français sur ces territoires, nous trouverons sans doute en eux des défenseurs

---

(1) De même que jamais un de nos officiers, investi d'une responsabilité exclusive, n'aurait accepté la Convention de la Gambie, du 10 août 1889.

du bien national au même titre que les négociants étrangers savent défendre les intérêts de leurs pays en défendant les leurs. Mais, quant à présent, nous devons protéger scrupuleusement et au besoin par le prestige des armes la moindre parcelle de nos territoires, quand celle-ci est sujette à nous être enlevée par des concurrents.

Donc, il importe que les rivières du sud fassent désormais, administrativement, partie intégrante du Soudan français, comme elles en font partie géographiquement.

LES MISSIONS ET LEURS RÉSULTATS

Nous allons maintenant examiner les tentatives qui, depuis douze ans, sur initiative privée souvent, officielle quelquefois, ont été faites pour compléter, modifier ou améliorer le programme d'ensemble auquel j'ai fait allusion ; programme sensiblement agrandi, d'ailleurs, depuis la Convention franco-anglaise de 1890.

Toutes ces tentatives, désignées sous le nom de missions, ont le tort fréquent d'être indépendantes les unes des autres dans leurs conceptions comme dans leurs résultats.

Lorsqu'elles ont eu lieu sur initiative officielle, elles l'ont été généralement par corrélation des unes avec les autres et, on ne saurait trop insister sur leur utilité. C'est le caractère de certaines missions, très méthodiques en leur inspiration, qui ont été accomplies depuis 1886.

Prenons pour exemple celles qui se rapportent à la période de 1886 à 1888 inclusivement.

La mission du lieutenant de vaisseau Caron à Tombouctou, sur la canonnière *Niger*, a mis fin opportunément à la distance morale qui existait entre nous et la ville légendaire. Elle a donné une idée troublante de notre marche en avant à des populations qui, dès cet instant, ont commencé à réfléchir à leurs destinées (1).

Scientifiquement, elle a prouvé ce que Barth avait déjà déclaré : que le Niger n'est pas un fleuve navigable dans l'acception désirable du mot et qu'il ne saurait être, dans une mesure suffisante, la voie commerciale primitivement escomptée.

La mission du capitaine Péroz au Ouassoulou a eu deux fois des résultats pacifiques. Deux traités contradictoires, obtenus à un an de distance, démontrent éloquemment les dispositions conciliantes de l'almamy Samory, que celles-ci lui soient dictées par son intérêt ou tout autre motif. Scientifiquement, et antérieurement aux communications du capitaine Quiquandon et du docteur

(1) Le voyage du lieutenant Jaime, en 1889, a confirmé ce résultat.

Crozat, elle nous a donné sur le Ouassoulou des renseignements précieux dont nous avons à tenir compte pour nos relations avec ce pays et avec son chef.

Dans les instructions remises le 30 novembre 1886 par le colonel Gallieni au capitaine Péroz, les points suivants étaient particulièrement signalés à l'attention de cet officier. Etant donné l'intérêt que nous avons à « supplanter les produits étrangers et à les remplacer par les produits de l'industrie nationale », il y avait lieu d'inviter Samory à « pousser les caravanes vers Bammako, Kita et même Bafoulabé, » en lui faisant connaître qu'une route carrossable allait être ouverte pour relier entre eux ces différents points.

Le colonel Gallieni insistait, d'autre part, sur la nécessité d'approvisionner dans l'avenir les postes de Bammako et de Niagassola avec les seules ressources en riz et en bœufs tirées des états de Samory.

Il demandait également qu'on lui fît connaître : 1° les produits indigènes des Etats de Samory; 2° les produits manufacturés étrangers qui y sont importés.

« Vous me renseignerez, disait-il, sur l'accueil fait par les Maures et les Malinkés à ces derniers produits, sur les perfectionnements qu'il y aurait lieu d'y apporter, sur les moyens les plus propres à expulser ces produits pour les remplacer par nos produits similaires nationaux. Pour les produits indigènes, je vous recommande d'une manière toute particulière le caoutchouc et la gutta-percha, qui sous un petit volume ont actuellement une très grosse valeur en Europe; les indigofères, dont certaines espèces donnent une teinture très belle et très appréciée; les gommes, dont les événements du Soudan égyptien ont considérablement augmenté la valeur sur les marchés européens; les bois pouvant servir à la construction des bâtiments que nous voulons lancer sur le Niger, en construisant la coque sur les lieux mêmes et en ne faisant venir que les machines de la métropole, etc., etc.

» Ce rapport sera accompagné de la double collection des produits indigènes propres à fournir un élément d'échange à notre commerce et des produits étrangers en circulation dans le pays. »

Des instructions de même nature avaient, d'ailleurs, été données au lieutenant de vaisseau Caron, pour son voyage à Timbouctou. Mais, elles avaient, de ce côté, une importance moindre.

En revanche, la mission du capitaine Martin au

Bambouk était presque exclusivement commerciale.

« La question commerciale, dans les préoccupations du capitaine Martin, doit primer toutes les autres, disait le colonel Galliéni. Il est reconnu que les populations de la Haute-Gambie, du Haut-Bafing et de la Haute-Falémé, et même celles du sud du Bondou, font surtout du commerce avec les traitants anglais de la Gambie. Il suffit pour s'en convaincre d'examiner l'armement des Malinkés de ces régions et les divers objets de pacotille qu'ils possèdent; tout est de marque anglaise.

» Depuis quelque temps cependant, un certain mouvement commercial des pays malinkés vers nos escales semble se dessiner; il convient de l'établir définitivement et de faire profiter exclusivement notre commerce des échanges qui s'effectuaient avec les traitants de la Gambie. A cet effet, M. le capitaine Martin devra faire ressortir les facilités que les Malinkés trouveront pour commercer dans nos escales, la surveillance exercée par l'autorité française sur la liberté et l'honnêteté des transactions, la sécurité absolue des routes, la dispense de tout tribut dans les pays soumis à notre protectorat. S'il a occasion de parler des Anglais, le faire sans trop insister, car les Malinkés

pourraient mettre à profit notre rivalité commerciale pour s'en armer contre nous, le cas échéant.
Nous attachons évidemment un grand prix à
absorber toutes les opérations commerciales du
Soudan, mais il ne faut pas que les indigènes se
doutent qu'il y a là pour nous une question capitale; ils pourraient en abuser. Il faut persuader
et non paraître quémander.

» Le capitaine Martin traversera trois centres
aurifères importants : Sadiola (Niagata), Diokéba
(Tambaoura) et Sandadiala (Diébédougou); il
cherchera à évaluer la richesse réelle de ces gise-
ments et de leur exploitation et s'efforcera de faire
diriger sur Médine le produit des mines.

» Le Tambaoura passe pour contenir beaucoup
de lianes-caoutchouc; il sera bon de vérifier dans
quelle mesure ce produit industriel peut servir aux
transactions commerciales.

» Enfin, M. le capitaine Martin recherchera quels
sont ceux de nos produits manufacturés qui ont
le plus de chance d'être achetés par les populations
du Bambouk, afin d'éclairer nos traitants sur les
marchandises qu'ils doivent de préférence diriger
sur ce pays. »

Les mêmes préoccupations commerciales inspi-
rèrent pour une bonne part la mission envoyée

dans le nord du Bélédougou, du côté de Timbouctou et en quelque sorte parallèlement à celle du lieutenant Caron. Cette mission, dirigée par le docteur Tautain, accompagné du lieutenant Quiquandon, comportait même un point de vue spécial. « Je vous recommande, disait le colonel Gallieni, de faire une étude sérieuse de la région au point de vue des races chevalines. Vous savez que nos chevaux arabes vivent mal dans le haut Sénégal. Ce serait donc un grand résultat obtenu si nous pouvions remonter notre cavalerie au moyen d'animaux trouvés dans le pays et mieux acclimatés que nos chevaux d'Algérie. Vous examinerez donc à ce point de vue la nature du sol, la qualité et l'exposition des graines et des pâturages, leur mode d'irrigation, leurs procédés d'élevage et de production, etc. Vous essayerez, en étendant vos observations jusqu'au Moupa, d'établir une statistique chevaline de la région, en étudiant la qualité du cheval, en mentionnant la robe, la taille, les aplombs, les défauts, en énumérant les marchés, s'il en existe, en faisant connaître la provenance, la valeur, la quantité de ces animaux. »

On voit combien la nature de ces recommandations répondait exactement à l'idée de la colonisation française et, par conséquent, combien ces différentes missions avaient leur raison d'être. Elles se complétaient les unes par les autres, car pas un territoire n'était laissé dans l'oubli, de ceux qui, politiquement, devaient faire partie intégrante du Soudan français. C'était même la première fois qu'on s'avisait de vouloir bien connaître des territoires acquis avant de songer à en conquérir d'autres. La logique avait raison sur la fantaisie coûteuse.

La mission Oberdorf assurait notre protectorat sur le Dinguiray et préparait la mission du lieutenant Plat et du docteur Fras au Fouta-Djallon. Celle-ci a été la plus heureuse et la plus complète qui ait été faite jusqu'à ce jour au Djallon ; non pas qu'elle ait donné des résultats définitifs au point de vue politique, malgré la signature du traité du 30 mars 1888 avec les deux Almamys régnants ; mais, parce qu'elle a permis à ses auteurs de fournir sur cette région les renseignements complémentaires les plus précieux et les plus détaillés. Malheureusement, le traité politique n'a pas la valeur qu'on serait tenté de lui accorder. A cet égard, le lieutenant Plat, lui-même, avec une sincérité rare, a pris soin de nous laisser entendre qu'il ne s'était pas mépris sur les résultats

de cette transaction diplomatique. S'il a eu l'habileté de la mener à bien et de sauver ainsi toutes
les apparences, les Almamys ont eu celle de se
débarrasser courtoisement d'une difficulté qu'ils
savaient inévitable. Mais, toutes ces réserves sub-
sistent dans leur esprit, bien plus encore dans
l'esprit des populations; et l'alliance n'est pas
faite entre nous et le Fouta-Djallon (1).

Un des résultats de la mission Plat et Fras a été
de nous ouvrir scientifiquement la route jusqu'à
Benty, en Mellacorée. La jonction de nos postes
du haut Sénégal et du haut Niger avec les Rivières
du sud était une question très importante. Elle a
été résolue simultanément par la mission Plat et
Fras; par celle du sous-lieutenant Levasseur qui
est allé du Bondou à Sedhiou en passant par la
Falémé, la haute Gambie, le Fouta-Djallon et la
Cazamance; et par celle du capitaine Audéoud
qui, à la tête d'une compagnie, est parti de Siguiri, au lendemain de la construction de ce poste,
pour aller aboutir à Benty.

Enfin, une mission non moins remarquable du
pharmacien de la marine Liotard éclairait de renseignements inédits et de haute valeur les terri-

(1) Il appartient au résident français qui vient, enfin, d'être
nommé à Timbo, de préparer et d'assurer cette alliance.

toires du Bouré, du Fouladougou, du Niani, du Kalonkadougou et du Ferlo.

On ne peut pas ne pas être frappé de l'esprit de méthode qui a présidé à la répartition de ces différentes missions. Elles caractérisent un système de conquête et de colonisation sur lequel il y a d'autant plus lieu d'insister qu'il ne paraît pas qu'il puisse y en avoir de meilleur, tellement il semble élémentairement rationnel; et on est d'autant plus surpris qu'on ait jugé à propos de l'interrompre.

Dans l'énumération ci-dessus, je me suis borné à faire une simple mention de la mission Oberdorf. Son importance au point de vue politique et l'étrange oubli dans lequel a été tenu son auteur me font un devoir d'en rappeler les résultats.

En 1887, le capitaine Oberdorf a placé sous le protectorat de la France le Sirimana, dont les chefs abandonnèrent dès ce jour les droits qu'ils prélevaient sur les caravanes; le petit Bélédougou, qui n'avait pas discontinué d'être le plus pillard des pays, malgré certaine convention signée en 1882 avec le docteur Bayol; le Badon, dont le chef Toumané fit spontanément l'abandon des coutumes qu'il percevait jusqu'alors sur les caravanes; le Niocolo, région essentiellement commerçante ; la région Est du Sangala, où les Dioulas jouissent aussi d'une grande influence ; le Fou-tofa, qui depuis longtemps était en relations avec nous.

Pourtant, quelques parties des territoires traversés par le capitaine Oberdorf ont résisté à ses négociations. La région ouest du Sangala, pillarde et sauvage, a repoussé ses offres et lui a même fait payer tribut ; le Gadaoudou et le Koï, vassaux de Timbo, ont déclaré qu'ils ne pouvaient accepter notre protectorat qu'après en avoir sollicité l'approbation des Almamys du Djallon.

Si, donc, nous nous en tenons à l'esprit de méthode dont nous avons fait l'éloge en énumérant les missions organisées de 1886 à 1888, nous devons nous demander pourquoi le Gadaoudou et le Koï n'ont pas fait partie du programme des années suivantes, alors surtout que le traité du 30 mars 1888 avec le Fouta-Djallon devait nous simplifier les difficultés avec ces deux pays; alors, enfin, que la logique la plus élémentaire nous commande de grouper, de coordonner, d'harmoniser nos intérêts en pratiquant l'union politique de tous les territoires que nous plaçons cartographiquement sous l'influence de la France.

Mais, le fait capital de la mission Oberdorf a été

le traité signé avec Aguibou, roi du Dinguiray. Ce chef, ainsi que cela a été prouvé par des lettres trouvées à Dinguiray, entretenait depuis longtemps des relations très amicales avec le gouvernement de Sierra-Leone, et il ne manqua pas de le faire observer au capitaine Oberdorf. Celui-ci, cependant, finit par l'emporter, en insistant, d'ailleurs, sur les traités de protectorat que venaient précisément de signer avec nous Ahmadou, frère d'Aguibou, et Samory, le puissant voisin.

Jamais traité ne fut conclu avec plus de sincérité de part et d'autre.

Ainsi, le capitaine Oberdorf avait établi le protectorat de la France sur tous les pays qui, sauf ceux soumis à Timbo, s'étendent du Bambouk au Tankisso et au Gadougou.

Il importe maintenant d'apprécier quelques autres missions qui, elles aussi, appartiennent au programme d'extension française au Soudan.

J'ai déjà fait ressortir l'opportunité politique de la mission Binger, dont les résultats devaient nous compléter dans cette partie de la boucle du Niger ce que notre protectorat des États de Samory nous avait déjà donné. Ces résultats auraient dû être plus considérables encore. A tant faire que d'escompter des probabilités, il n'y avait pas lieu, sous prétexte de tendances allemandes et anglaises, de permettre par anticipation une fixation de limites que rien n'autorisait. Même la latitude du 10° accordée aux trois puissances intéressées contrevenait, en ce qui concernait la France, à des droits éventuels suffisamment indiqués par l'exploration du capitaine Binger ainsi que par les événements du Dahomey. En supposant que des nécessités d'entente nous aient fait abandonner le bassin moyen de la Volta, malgré que la position géographique de Salaga ait été rectifiée, avec plus ou moins de raison, depuis le voyage de notre compatriote, au point d'être laissée par les Allemands eux-mêmes à notre zone d'influence, il est évident qu'il était de toute logique de n'accepter pour limite française aux territoires d'Achanti et de Togo que ce 10°, dont la ligne nous permettait de relier plus tard les pays du Dahomey à ceux du Groussi et du Mossi, avec point d'appui sur la rive droite du Niger. Au lieu de cela, l'Angleterre considère comme sienne cette rive droite jusqu'à Saï et ses tendances du côté de l'Achanti la poussent à s'établir sur la Volta supérieure pour faire du Togo et du Dahomey deux simples enclaves dans ses possessions. C'est là un objectif que le

Togo allemand n'empêchera jamais de s'accomplir.

On voit donc combien il eût été utile d'examiner, non seulement les résultats acquis par la mission Binger, mais ceux que des dispositions subséquentes autorisaient à prévoir, à la condition d'en poursuivre la réalisation méthodique.

Tardivement, la nécessité de ces dispositions s'est révélée pour motiver deux autres missions d'une utilité absolue : la mission du capitaine Ménard et celle du capitaine Monteil.

Celle du capitaine Ménard avait pour objet de reprendre autant que possible l'itinéraire Binger, d'en confirmer les travaux et de les compléter, surtout de retirer des relations engagées, en les renouvelant, tout le parti désirable au point de vue politique ; enfin de combler des lacunes que la situation qui nous a été faite dans la boucle du Niger par notre dernière convention avec l'Angleterre rend de plus en plus redoutables, comme, par exemple, l'absence de traité avec le Mossi.

Celle du capitaine Monteil se rattache, avec le même esprit de logique, au système d'extension pacifique dont les missions de 1886 à 1888 sont le témoignage le plus intelligent et le plus fécond. Pourtant, elle est le résultat d'une conception toute personnelle et absolument en dehors du programme remis en vigueur depuis quelques années au Soudan français.

Les traités passés par le capitaine Monteil avec les groupes de populations qui s'échelonnent dans la boucle du Niger entre les dépendances du royaume de Segou, celles du Kénédougou et du Mossi, sont une véritable conquête d'influence, car ces populations étaient demeurées jusqu'à ce jour en dehors de nos progrès.

Mais la mission acquiert surtout une importance exceptionnelle à partir du Niger et de l'ancien Sonrhaï.

De Sinder ou de Saï, elle entre en territoires, non pas d'influence française ou d'influence quelconque, mais en territoires laissés cartographiquement aux entreprises françaises par la Convention d'août 1890.

On a dit que son chef avait l'intention d'atteindre par ces territoires le point terminus des limites françaises sur la rive nord-occidentale du lac Tchad; se proposant, entre temps, de faire ce que lui conseilleraient les circonstances.

Quoi qu'il en soit, cet itinéraire invite à des perspectives intéressantes; et pour peu qu'on prenne la peine de s'arrêter à celles-ci on est saisi du regret que la mission Monteil n'ait pas été plus abondamment pourvue de ressources en prévision de ce que l'occasion lui eût permis peut-être d'accomplir.

Cette occasion pouvait s'entrevoir de la manière suivante :

Aussitôt franchi le Niger, la mission rencontrait des groupes de Touaregs (c'est certainement ce qui a dû lui arriver), Ouelimmiden ou autres, Maures de Timbouctou, Arabes de l'ouest ou de l'Est, gens du plateau d'Aïr, populations désertiques en somme qui tirent littéralement leur nourriture des riches plaines du Sonrhaï et du Sokoto, que, de leur côté, elles alimentent de sel.

La mission aurait peut-être pu, sous la sauvegarde littéralement achetée d'un de ces groupes, prendre la route du Damerghou, le seul pays vraiment riche que nous abandonnent jusqu'à présent nos limites conventionnelles ; de là se diriger sur Agadès, franchir le plateau d'Aïr et suivre, en compagnie des fameux Kel-Ouï, puis des non moins fameux Azdjer, ces Touaregs à l'humeur intermittente, l'itinéraire indiqué par M. l'ingénieur Fock pour un Transsaharien.

Une hypothèse de ce genre n'avait rien d'extravagant. Elle avait même plus de vraisemblance que la traversée saharienne dont le projet a été attribué à M. Crampel.

Cet explorateur avait, en effet, exprimé l'intention de franchir le Sahara au sortir du Ouadaï, du Kanem ou du Bornou, un de ces trois pays étant nécessairement le point terminus de son voyage de jonction du Congo français au Soudan central.

Mais M. Crampel ne pouvait éviter, pas plus que ne l'éviteront ceux qui suivront ses traces, l'inconvénient de passer par des territoires dont les populations sont presque toujours en luttes; celles-ci affectant même, comme entre le Baghirmi et le Ouadaï, un caractère exclusivement politique. Alors que le Bornou, aux mœurs si douces, se livre périodiquement, dans la saison d'hiver, à des raids organisés pour se procurer des esclaves ; alors que le Kanem subit de perpétuelles razzias de la part des tribus pillardes venues du nord et de l'est, et que toute la frontière saharienne du Soudan central a constamment à se défendre contre les incursions des Touaregs, qui jouent là exactement le rôle des tribus indiennes sur la frontière du Mexique, le Ouadaï et le Baghirmi se battent pour des questions de suzeraineté, poussés très probablement l'un et l'autre par les marabouts de la Tripolitaine qui descendent jusque-là et sont toujours heureux de pêcher en eau trouble. C'est ce foyer de crises que la mission Crampel se proposait de traverser ; c'est la même voie que MM. Dybowski et de Brazza, ce dernier sans doute le premier, ont projeté de suivre.

M. Crampel, à la condition d'arriver à peu près seul à la limite saharienne, avait chance d'accomplir cette traversée. Il en sera de même pour ses successeurs si, dès leur entrée sur les territoires musulmans, et toute cette partie du Soudan central est livrée à l'Islamisme militant, ils s'affranchissent d'une escorte considérable dont chaque pas se heurterait à un antagonisme local basé sur la méfiance et les excitations des sectes religieuses.

Si considérable que puisse être alors une escorte et quel que soit son armement, elle ne serait pas en état de s'ouvrir un passage ; car, indépendamment des difficultés d'ordre militaire qu'elle rencontrerait, il lui serait impossible de subsister.

En revanche, et c'est cette contradiction même qui complique la difficulté, une escorte nombreuse et bien armée aurait toutes les chances d'effectuer la traversée du Sahara ; soit qu'au sortir du Kanem elle aille directement risquer l'alliance avec les Kel-Oui, soit que s'emparant d'abord des lacs de Bilma, ce coffre-fort de toutes les populations désertiques du centre et de l'est, elle impose ses conditions de passage, du plateau d'Aïr à Tougourt.

Malheureusement, l'impossibilité de franchir la frontière du Soudan central avec une escorte nombreuse et armée rend cette hypothèse irréalisable ; pendant que, d'autre part, ceux qui franchiront cette frontière à peu près seuls, par la porte du Kanem ou de l'Oudaï, auront moins de chances, par pénurie d'alliances et les chemins étant plus longs, de rejoindre le plateau d'Aïr et la route du nord que celui ou ceux venant du Soudan occidental et du Sokoto.

Somme toute, cette dernière mission, dont M. Crampel a été l'initiateur, et qui a pour objet de relier le Congo français au Soudan central, est surtout intéressante en ce qu'elle renouvelle dans ses résultats possibles à notre profit ce qu'Allemands et Anglais nous ont imposé dans la zone du littoral atlantique : un système d'enclaves ou, si l'on préfère, une ceinture d'états concurrents dont l'expansion tend toujours à contrarier ceux qui sont enclavés. On ne peut contester l'originalité géographique d'un pareil projet, en tant qu'il entrave tout net l'essor politique de deux puissances rivales du côté du Centre africain.

Mais c'est à peu près tout ce qu'il convient de considérer. La France a intérêt, ce n'est pas douteux, à s'avancer dans la direction du nord. Elle n'a même désormais que ce seul intérêt. Socialement, elle sera, dès le bassin du Chari, en présence de populations musulmanes et esclavagistes jouissant d'un régime comparativement très avancé sur les pays méridionaux où la France et la Belgique ont, jusqu'à ce jour, fixé les limites de leurs conquêtes (1).

Ces populations musulmanes seront elles-mêmes, un jour, avec leur tendance à descendre, au milieu des fétichistes congolais. Si lente que doive être leur invasion, il importe de l'arrêter. Aucune mesure ne permettra mieux de réaliser cette nécessité qu'un réseau de postes protecteurs dont l'incessante extension supprimera la chasse à l'esclave en rendant les razzias de plus en plus difficiles. Ce que les Egyptiens ont fait dans le Soudan oriental jusqu'en 1880, la France peut le faire au nord de l'Oubanghi. Ce serait le plus clair et le plus noble de son rôle. Politiquement, il en résulterait pour elle un point d'appui d'autant plus

(1) Par la Convention du 29 avril 1887 avec l'Etat libre, la France a le droit de disposer à son gré de la rive droite de l'Oubanghi.

sérieux qu'en vertu de la loi des exodes qui, aussi bien en Afrique que partout ailleurs, pousse les populations septentrionales à descendre, tout ce qui dans la région du Soudan central n'est pas fixé politiquement et vit entre la crainte des uns et le péril des autres descendrait au milieu de nous. L'inspiration de ce mouvement peut dépendre en grande partie de nos missionnaires.

Commercialement, la tendance est au nord et à l'ouest. La zone de protection que pourra constituer la France jusqu'au seuil des pays musulmans lui permettra, seule, de créer à son profit des dérivatifs commerciaux dont les bases seront en raison directe de l'impulsion qu'elle saura donner à ses nouveaux protégés. Actuellement, le Soudan septentrional ne vit du commerce avec le sud que par les esclaves qu'il en tire et qu'il revend au Nord avec son blé, à l'Ouest avec son sel. Le drainage de tout ce qui est susceptible d'être utilisé en Europe s'opère par la voie du bas Niger et de la Bénoué, à l'exclusion toutefois de tout ce qui passe par le haut Niger pour prendre la direction du Maroc ou celle de la vallée du Sénégal.

Ainsi sera limité le rôle éventuel de la France dans les pays musulmans qu'elle se propose de parcourir entre les territoires du Congo et le

Sahara. Elle ne peut économiquement distraire le
Soudan central de sa mission qui est de produire
pour les pays sahariens. Elle a le devoir de prévoir
une condensation politico-religieuse de ces divers
pays ; et, conséquemment, elle aura profit à les
isoler au nord et au midi de populations dont elle
pourra modifier l'existence à son gré.

Nous avons négligé pendant des années une
porte ouverte et nous n'avons tenu compte d'aucun
traité. Il est fort bien de parler aujourd'hui de la
question du Niger, encore fallait-il la comprendre
plus tôt. Il a été une époque dix fois favorable où
certains de nos explorateurs accumulaient pour
nous les comptoirs et les traités sur ce Niger que
dédaignaient nos diplomates, nos commerçants et
nos coloniaux, devenus si féconds depuis deux ou
trois ans. Quelques-uns de ces explorateurs en
sont morts.

Nous avions tout profit alors à nous lancer vers
ce Centre africain que beaucoup de nos compatriotes s'obstinent à considérer comme une poule
aux œufs d'or réservée à nos petits-enfants, et
non pour ce qu'il vaut, ce qu'il est, ce qu'il sera.
La pire des conclusions de notre expérience eût
été de nous faire reconnaître que l'Allemand Barth
s'était trompé jadis sur la navigation du Niger

inférieur, et que les fleuves africains sont en majeure partie des canaux d'arrosage et non pas « des routes qui marchent ».

Mais, le plus clair était de nous assurer dès ce moment la priorité sur des territoires où nos intérêts avaient déjà pénétré. La Royal Niger Company a eu son véritable point de départ dans l'acquisition des Comptoirs français fondés en 1880 par de Sémellé (1). La substitution de l'Angleterre à notre élément national a permis à nos concurrents d'intervertir le droit de priorité. Nous avons subi la conséquence de notre aveuglement, et la question du Niger n'est plus qu'une question de frontière après avoir été une question incomprise d'extension économique.

Il en a été de même, d'ailleurs, en d'autres endroits du continent africain.

De sorte qu'on peut se demander le pourquoi d'une mission commerciale comme celle de M. Mizon. Cela ressemble fort à l'acte d'un timide

---

(1) L'explorateur de Sémellé avait conçu le projet, en 1877, de partir de la Bénoué, de traverser le bassin du Chari et d'aller sortir, par le nord des grands lacs Albert et Victoria, dans la direction de Mombaz. C'est à peu près ce même itinéraire dont on attribuait le projet à Emin-Pacha, en sens inverse, mais auquel il ne paraît pas vouloir donner suite.

qui glane derrière des pillards ce que ceux-ci laissent tomber ou ont daigné lui abandonner.

Malheureusement, ici, on ne nous a rien laissé.

Commercialement, M. Mizon a déclaré lui-même qu'il n'y avait rien à faire pour les intérêts français du côté du bas Niger et de la Bénoué.

Politiquement, la même mission n'est compréhensible que si elle rejoint nos possessions du Congo en contournant le Cameroun par les territoires de l'Adamaoua. C'est là qu'au prix de difficultés présumables se réglera une nouvelle question de frontière avec l'Allemagne. Mais, de ce côté, la mission de M. Mizon complétera incontestablement le programme politique et commercial dont l'initiative est partie du Congo, c'est-à-dire de Crampel et de ses continuateurs. A ce seul et unique point de vue, elle a sa raison d'être.

S'il y a lieu de nous montrer attentifs à l'utilité de certaines missions géographiques, c'est assurément lorsqu'il s'agit de nos intérêts réels. Il faut cependant convenir que si nous avons dédaigné ou mal compris ces intérêts pendant longtemps, nous agissons aujourd'hui de telle sorte qu'on nous peut quelquefois accuser de passer d'une extrême inertie à une extrême activité par enthousiasme irréfléchi plutôt que par esprit de compensation méthodique. Non seulement, celui qui s'offre généreusement pour explorer, peut se tromper sur l'opportunité de ses projets, auquel cas il serait sage de lui faire observer son erreur ; mais il est tellement rationnel que la protection nationale accompagne toute tentative qui a pour but d'enrichir la patrie que l'homme qui assume la responsabilité de cette tentative ne devrait être mis en état de l'accomplir qu'après une sorte de contrôle préalable de son programme par tous ceux qu'intéresse son exécution.

LES TOUAREGS

Il est certain que les populations du Sahara ne peuvent pas venir à nous. Tout s'y oppose. Depuis le jour lointain où elles ont fui des exigences inconciliables avec leurs traditions, leur tempérament et leur constitution sociale, elles semblent avoir rompu sans esprit de retour avec la loi ordinaire des relations humaines.

Est-il rien de plus étrange et de mieux fait pour solliciter le respect de l'analyste que ce mystère dans lequel les Touaregs (1) enveloppent leur indépendance et leurs personnes? Est-il quelque part sur le globe une indépendance qui soit plus chèrement payée que la leur? Est-il possible

(1) Cette dénomination de Touaregs est préférable à celle d'Imoschar malgré qu'elle ne soit pas absolument exacte. Leur vrai nom est celui d'Imoschar; mais les Arabes les appellent Touareg et c'est sous cette dernière appellation que nous les connaissons.

d'admettre que des hommes assujettis volontairement à d'aussi ingrates destinées, au point qu'on se demande si celles-ci n'ont pas été fixées par la même providence qui a créé, dans la désolation de certaines choses, la compensation à côté du mal et si les Touaregs n'ont pas été créés pour le désert ; est-il permis de supposer que ces hommes, qui marchent accompagnés de leur tristesse inquiète et soupçonneuse, viendront spontanément au milieu de nous ?

Les Touaregs ont mêlé leur sang à celui de tous les vagabonds sahariens. Morcelés en groupes divers, associés parfois à des intérêts contradictoires, sollicités des uns, repoussés par les autres, il est pourtant vraisemblable qu'ils resteront ce qu'ils sont et ne fusionneront pas. C'est donc à nous qu'il appartient d'aller au-devant d'eux.

De tous les moyens qu'on peut concevoir pour cela, le plus sûr est assurément l'exécution d'un chemin de fer transsaharien.

Les Touaregs sont enfermés entre deux groupes de populations : les Arabes du Nord qui ne sont pour eux que des alliés occasionnels, et les noirs du Soudan. A part les alliances religieuses et commerciales, Touaregs et Arabes se méprisent et se détestent. Avec les noirs du Soudan, au contraire, les Touaregs se sont mélangés, faisant souche de serfs qu'ils ont disséminés sur leur domaine de sables, où les noirs travaillent, extraient du sol ce qu'on en peut tirer, entretiennent les oasis, élèvent des troupeaux et peuplent, enfin, des villes relativement considérables comme Agadès.

Ce que les Peuls ont fait, au nom de l'Islam, dès le commencement du siècle dernier, tant dans le Soudan central et le Soudan méridional jusqu'à l'Adamaoua que dans tout le Soudan occidental, les Touaregs l'ont fait au Sahara, sans la propagande religieuse pour motif. Qu'ils aient participé à l'anéantissement des grands empires nègres de l'Occident, c'est probable; mais tout prouve qu'ils n'ont tenu qu'à fermer leurs frontières et à réaliser par une colonisation de leurs territoires les ressources qu'ils pouvaient aller chercher plus loin par une migration organisée. Il serait même puéril de prétendre qu'ils ont cherché une compensation dans les routes commerciales qu'ils détiennent. La surveillance active qu'ils exercent sur ces routes et surtout à leurs points de départ s'explique par un sentiment de méfiance légitime. Le mouvement commercial à travers leur pays pouvait entraîner des empiètements ou des franchises qu'il leur eût été difficile d'accepter sous peine de voir violer leurs biens et leurs institutions. Ils sont chez eux au même titre qu'une nation européenne est chez elle et peuvent, aussi bien que celle-ci, prendre telle mesure qui garantît leur indépendance. Ils ont, d'ailleurs, constamment protégé le transit commercial pour n'en tirer que des redevances insignifiantes. Ils pouvaient et peuvent encore, quand ils le voudront, s'emparer de Timbouctou. Leur attitude de ce côté, si gênante qu'elle soit, témoigne de leur indifférence en matière de conquête. Leurs tentatives sur Rhât se justifient par leur désir de se mettre à l'abri du côté des Turcs et rien de plus. Leurs incursions au Bornou et au Sokoto ont quelque raison d'être dans la nécessité où ils se trouvent parfois de recruter de nouveaux esclaves. Mais, la question commerciale a toujours trouvé en eux des interprètes loyaux. Ce n'est pas porter sur eux un jugement excessif en ses conclusions favorables que de supposer qu'ils jouent un rôle très secondaire dans cette question du Touât que des insurgés comme Bou-Amema ont prise à leur compte en l'interprétant avec perfidie. Laisser entendre aux Touaregs d'In Salah que la France, qui avance à grands pas du côté du Niger, allait bientôt en

s'établissant au Touât couper les routes commerciales dont les Touaregs sont les maîtres, n'était pas
chose difficile. Partir de cette insinuation pour
inspirer à des hommes naïfs la pensée de solliciter
la protection ridicule du Maroc était non moins
facile. Et c'est ainsi qu'un malentendu a donné à
cette question du Touât un caractère de gravité
qu'elle ne comportait pas.

Entre le traité de 1845 avec le Maroc et la Convention anglo-française de 1890, confirmant nos
limites du côté du Sahara occidental, le Touât
eût pu être occupé par la France sans coup
férir. Le raid d'El Goléah par le général de Gal-
liffet, en 1873, nous a portés à 400 et quelques
kilomètres d'In Salah. La Convention de 1890 lé-
gitimait et justifie encore une prise de possession
qui n'est pas une conquête mais un ac... de protection. Les résultats en doivent être considérables, car le moindre d'entre eux serait précisément de rejeter au Maroc, à défaut d'autres
régions neutres, l'élément arabe dissident, qui ne
doit son influence temporaire sur l'esprit des
Touaregs que parce qu'il exploite habilement la
question politique et, cela va sans dire, la question religieuse.

J'ai exprimé cette pensée qu'un chemin de fer

transsaharien serait pour nous le meilleur moyen de résoudre l'inconnu qui s'étend entre nos possessions algériennes et le Centre africain. Je me garde bien de me placer à un point de vue de conquête et j'insiste seulement, ainsi que je l'ai déjà fait plus haut, sur les conséquences humanitaires d'une entreprise de ce genre. Il est entendu que les populations Touareg seraient les seules dont il y aurait lieu de prévoir une résistance quelconque ou d'escompter la participation économique directe à ses bienfaits. Je ne crois pas que ce soit là une tâche au-dessus des forces de la France ; car dans l'alternative de voir coupées les routes de l'Est et de se tenir à l'écart ainsi que des irréconciliables, ou de se proposer au bénéfice des transactions nouvelles et de recueillir sur place les résultats d'un agent de relations comme l'est une voie ferrée, il est présumable que les Touaregs n'hésiteront pas.

Qu'y aurait-il de changé, d'ailleurs, dans leur existence ? Ils ont, tout les premiers, ou, ce qui est possible, après d'autres qui les ont précédés, arraché au sol désertique le plus qu'ils ont pu de manière à sauvegarder l'existence de leurs troupeaux et celle des serfs qui les élèvent. La civilisation européenne a les moyens de centupler ces ressources acquises péniblement. Elle peut transformer graduellement, avec le concours des populations sédentaires actuelles, augmentées de tous les noirs venus librement ou par libération de servitude, les deux tiers du Sahara en pacages suffisants pour y élever des millions de têtes de bétail ; laissant ces mêmes Touaregs dispensateurs d'une nouvelle vie pastorale où l'exaction tomberait devant l'abondance.

LA QUESTION RELIGIEUSE

Sans doute, on objectera que le fanatisme religieux peut être un obstacle à toutes ces perspectives. Il faudrait cependant ne tenir compte de cet
élément de contradiction que pour ce qu'il vaut.
Des relations impitoyables entre l'Européen et
l'Arabe, en faisant du premier un incorrigible
dédaigneux à l'égard du second, ont pu l'égarer sur
les justes proportions de cette religiosité qui s'ac-
commode fort bien, en d'autres points du globe, du
contact des infidèles. Quand donc voudra-t-on se
rendre compte que c'est la seule forme de protestation laissée à nos populations conquises? Encore
n'en usent-elles que lorsqu'un des leurs, plus
hardi ou plus patriote, comme le fut Mokrani en
1870, les invite à s'en servir pour leur bien personnel.

Au nord de notre Afrique française comme dans nos possessions du Soudan occidental, les effervescences religieuses sont plus souvent le résultat de calculs matériels que celui d'une pieuse spontanéité. Notre conquête algérienne, fatalement extensive, a nécessairement entretenu ces calculs chez les dispensateurs de la résistance. Pourtant, aucun d'eux n'affectait un caractère sincèrement religieux. C'est une lacune dont nous ne pouvons pas dire qu'elle a été inutile pour le bien de nos efforts ; car ceux mêmes qui entretenaient la lutte contre nous ont paru s'apercevoir tardivement que là était la défectuosité de leur cause. Jamais les sectes religieuses n'ont pris un développement pareil à celui que nous leur avons vu prendre depuis les dernières années de la conquête. Jamais nous n'avons assisté à un mouvement de régénération religieuse comme celui dont le spectacle nous est donné depuis quelques années. Et c'est bien là, vraiment, que s'entretient le danger ! L'esprit musulman, désorienté un instant, est assailli des formules anciennes et se rajeunit à leur interprétation que lui en donnent des hommes mieux servis par leurs instincts que par des haines véritables. Il n'en coûte guère de s'improviser prophète et c'est un genre de spéculation qui, en Algérie comme ailleurs, peut rapporter de beaux bénéfices au nom de la foi. Mais les prophètes restent tranquilles faute de pouvoir justifier leurs représailles contre des infidèles qui ne les gênent pas; faute d'être assez imprégnés du sentiment patriotique, dans le sens où nous l'entendons, pour organiser contre nous la défense du sol. Il importe qu'il en soit ainsi pour le bien même de l'Islam. Il importe qu'il ait des représentants, voire plus ou moins improvisés, pour que l'opinion de ces sectateurs, attentive aux sentiments des foules, soit ou ne soit pas militante à l'égard de la France. « La religion de Dieu nous grandit et nous rend victorieux, car elle n'est jamais faible que de la faiblesse de ses confesseurs », disait El Bakay, cheik de Timbouctou, dans un sauf-conduit donné au voyageur Barth; ce qui veut dire que l'Islam est peu de chose quand ses enfants n'en font plus de cas et que la faiblesse des uns supprime l'importance de l'autre. Et cela confirme absolument ce que j'ai dit plus haut relativement au besoin de régénération religieuse qui s'est emparé de quelques-uns. Mais le même cheik de Timbouctou disait encore : « Il y a entre les chrétiens et nous de tels champions de l'Islamisme que, si les infidèles parvenaient jamais à les vaincre pour venir ensuite nous attaquer, nous devrions renoncer à toute résistance armée. » Les champions de l'islamisme auxquels il est fait allusion ici sont le sultan de Turquie et l'empereur du Maroc. Les infidèles les ont cependant vaincus tous les deux. C'est pourquoi une résistance armée pour la défense du sol de la part des musulmans du nord de l'Afrique serait un contresens ; et c'est pourquoi, je le répète, ces mêmes musulmans sont incités à chercher dans une régénération religieuse la seule expression de protestation qui leur soit permise contre l'occupation de leur pays.

Mais, cette protestation discrète en ses allures a déjà vu se dresser contre elle de graves arguments en dehors de la force inéluctable représentée par notre occupation. La Tunisie n'est-elle pas une nouvelle démonstration contradictoire pour les croyants de la dernière heure, alors que son bey, qui fut, lui aussi, considéré comme un champion de l'islamisme, cède à la suggestion de nos formules et n'est plus qu'un protégé de la France ?

Qu'adviendrait-il si cette autre mystérieuse figure qui règne sur le Maroc était un jour l'objet d'une protection semblable ? Quel effondrement mystique pourrait résulter de cette adaptation politique ?

Toujours est-il que les hordes des purs croyants peuvent se mouvoir de zaouias en zaouias sans inquiéter autrement les saintes destinées de la civilisation européenne, soit qu'elles subissent l'étreinte enveloppante du progrès, soit qu'elles reculent devant lui avec le puéril espoir de lui barrer la route. Il arrivera bien un jour où elles rencontreront nécessairement devant elles le principe de désagrégation auquel se heurtent tous les peuples qui prétendent repousser toute union avec les autres. Et la race qui produira cette dislocation prévue sera la race noire ; tard venue comme un élément providentiel pour assurer le triomphe de l'Europe libérale sur la morale inerte des interprètes du Coran.

Faut-il une preuve plus convaincante encore de ce que je viens de dire ? Prenons pour exemple la fameuse secte des Senoussis (1).

Le premier principe qu'ils énoncent est le rejet de toute violence ; et, depuis 1835, date de la fondation de leur Ordre, jamais ils n'ont contredit ce principe, jamais ils n'ont pris part à une insurrec-

(1) Du nom de son fondateur Si-Mohammed-ben-Ali-ben-ès-Snoussi, marabout de la province d'Oran, mort en 1859.

tion. Vainement, le voyageur Ghérard Rolhfs
essaya, pendant la guerre franco-allemande, de
les décider à un mouvement contre nous. Vainement, l'Italie, au moment de notre occupation de
la Tunisie, essaya de les entraîner à une résistance contre nos armes. Cette attitude constamment pacifique doit-elle être attribuée à des sentiments d'amitié pour la France? Il serait présomp-
tueux de le croire. Le vrai, c'est que la secte
Snoussya synthétise précisément cette régénération religieuse dont je viens de parler. Ses maîtres
ont compris que, pour redonner au monde musulman sa gloire politique disparue, il importait de
rajeunir sa foi religieuse dégénérée. N'est-ce pas
le principe même de l'Islam : l'unité religieuse et
politique, ou la politique procédant exclusivement
de la religion?

S'ils n'agissent pas par la violence, les Senoussis n'en emploient pas moins des moyens redoutables parce qu'ils sont sages. Outre la discipline
qu'ils entretiennent dans toutes les autres sectes
qui leur sont, pour la plupart, affiliées, ils se sont
mis depuis vingt-cinq ans à innover un système
de colonisation qui dénote de leur part un sens
remarquable d'observation comparative. Là où les
populations étaient encore à l'état nomade ou su-

jettes à des déplacements trop fréquents, ils se sont appliqués à les fixer, en s'efforçant de les retenir par l'intérêt du commerce et en encourageant la culture. Nachtigal, en 1870, avait déjà constaté cette tendance, en même temps que le prosélytisme disciplinaire exercé par cette secte aux principes absolument nouveaux.

En résumé, je ne vois pas bien les difficultés que pourrait rencontrer la France, au point de vue religieux, dans ses tentatives de colonisation saharienne avec l'aide d'un chemin de fer quelconque.

Le voyageur Rolhfs a écrit : « J'estime que les Français ne sauraient assez se tenir sur leurs gardes s'ils ne veulent pas passer par les épreuves que les Anglais ont subies dans les Indes. Chez un peuple comme les Arabes où tout, les mœurs et l'existence elle-même, ont pour fondement la religion la plus intolérante qui existe la civilisation n'a pas de prise. » Et plus loin, il conseille à la France de refouler les Arabes, en ajoutant cette conclusion : « On aura beau faire, il y a des peuples qui devront disparaître pour le plus grand bien de l'espèce humaine. »

Tâchons de ne pas appartenir à cette espèce humaine dont parle M. Rolhfs. L'Arabe de notre

Algérie s'associera aux tentatives de conquête morale que fera la France du côté saharien où il y sera hostile. Il sera toujours temps de prendre position, selon son attitude, et de porter sur lui un jugement de circonstance. Mais nous pouvons, d'ores et déjà, supposer qu'un groupement par notre initiative de populations intermédiaires entre le Soudan et l'Algérie, s'il inquiète l'Arabe, aura pour effet de l'isoler et de le rendre d'autant moins redoutable qu'il restera plus près de nous.

COLONS, FONCTIONNAIRES ET MISSIONNAIRES

On s'est plaint longtemps que les colonies
étaient une sorte de déversoir des mauvaises
têtes, des dévoyés, de ceux, enfin, à qui leur caractère ou toute autre cause rendait l'existence
impossible dans leur pays. Il y avait du vrai dans
cette allégation, d'où est résulté l'espèce de dédain
social dans lequel ont été tenues les colonies depuis la fin du premier Empire Elles semblaient
d'autant plus éloignées qu'on sentait moins le besoin de s'y rendre. Leur marquer une préférence
pour y asseoir une carrière paraissait le fait d'un
aveuglement alors que la métropole, avec ses
foyers d'activité, les tutelles de la famille et ses
traditions sereines, pouvait amplement suffire à
réaliser des désirs honnêtes. Que pouvait-on bien

aller chercher au-delà des mers, sinon des risques inutiles et un isolement de mauvais conseil? L'alternative était bonne pour ceux que le régime social au milieu duquel ils étaient nés trouvait rebelles et indomptables. A la conscience de ces derniers pouvait convenir le spectacle des luttes de la nature et le contact des multitudes indisciplinées. Ils y pouvaient puiser un enseignement salutaire dans la nécessité d'équilibrer, leur existence entre ces deux forces indépendantes. Leur âme devait y grandir en proportion des efforts à donner. On allait même, escomptant les aléas d'une destinée aussi rigoureuse, jusqu'à prévoir les défaillances du corps bien plus que celles de l'esprit et à supputer tout bas les échéances de la mort pour ceux qu'un retour éventuel dans la patrie rendrait une fois de plus gênants.

Or, il arrivait que les colonies étaient souvent plus généreuses que les familles et conservaient sans la tuer leur clientèle de rebut. Les indomptés sortaient indemnes de l'épreuve climatérique et sociale. La maladie respectait les corps et la lutte sauvait les intelligences. Ces rameaux dont on eût repoussé le greffage au sein des tranquilles cités de la métropole, grandissaient joyeux et vivaces sous les baisers du soleil colonial. Une souche nouvelle montait, ardente à s'incliner du côté de la patrie, pendant que celle-ci, égoïste ou austère, oubliait de compter dans ses générations les enfants perdus, déjà morts dans ses souvenirs.

Cette émigration restreinte et en quelque sorte dissimulée sous la pudeur des principes n'existe plus aujourd'hui ; ou, du moins, elle affecte un autre caractère. L'expansion coloniale a soudainement créé des nécessités qui ont sensiblement modifié les préjugés. Un courant plus actif existe, d'idées et d'individus, qui familiarise de plus en plus l'esprit traditionnel avec un état de choses trop longtemps abandonné à l'exception. Les répugnances se sont éteintes et les désirs se sont multipliés. Les colonies ne seront bientôt plus, même au point de vue social, que des succursales de la métropole. La jeunesse sollicite d'y aller pour son plaisir avant d'être obligée de s'y reposer pour les besoins de son âge mûr dans les bureaux commerciaux ou administratifs. Il n'est pas mauvais qu'il en soit ainsi. S'ensuit-il que les mêmes scrupules ou les mêmes rigueurs que s'il s'agissait de la métropole président aux choix des personnalités ? Il faut se garder d'être trop affirmatif à ce sujet, car on n'a point de peine à justifier le régime de faveur dont bénéficient quelquefois encore certains de ceux qui sont envoyés aux colonies. S'ils y vont, c'est généralement qu'ils le demandent ; et s'ils le demandent, c'est le plus souvent parce que d'autres qu'eux-mêmes ne le demandent pas, ce qui rend la sélection passablement difficile. Dans tous les cas, les dispositions aventureuses de certains esprits n'impliquent pas une indépendance contradictoire avec les disciplines de la morale. Tel qui, dans son pays, aimerait à vivre de réminiscences inacceptables, à se distinguer par des originalités constantes ou à céder à des révoltes innopportunes, peut être en pays exotique un très convenable représentant de ce qu'on appelle l'influence nationale. Le principal est que celle-ci reste ce qu'elle doit être. Malheureusement, et à quelque degré qu'on observe ces représentants de l'influence ou de l'autorité nationale, le sentiment très élevé qui devrait les dominer échappe quelquefois à leur entendement. Qu'il s'agisse d'une improvisation ou d'une situation acquise avec les années, dans les deux cas si celui qui exerce des fonctions ne trouve pas en lui-même le sentiment exact de ses responsabilités, s'il n'en donne pas spontanément le témoignage par des qualités personnelles appuyées sur un jugement équitable des choses et des hommes, il risque de n'obéir qu'à des idées courantes, à des théories accréditées dont il ne prend pas la peine de vérifier le bien ou le mal fondé, à des dispositions à l'arbitraire que favorise presque toujours le dédain professé à l'égard des populations indigènes.

On se plaint souvent, avec quelque raison, du trop grand nombre de fonctionnaires qui remplissent certaines de nos colonies. C'est une récrimination qui a sa valeur, en tant qu'elle témoigne un intérêt pour notre budget colonial. Mais, combien ce reproche pourrait, en certains cas, être susceptible d'atténuation !

Supposons un pays dont les populations dénuées de civilisation sont plus sensibles aux contacts de l'Européen et mieux en état de ressentir les effets de son influence. Le fonctionnaire y est, par lui-même, une innovation. Les attributions qu'on lui réserve, tout en étant déterminées, reposent sur un ensemble de restrictions qu'il lui appartiendra d'apprécier selon les circonstances et les individus. On ne procède pas spontanément avec des noirs comme avec des peuples civilisés. L'adaptation est plus prudente parce qu'elle exige une sorte d'initiation préalable. Il n'est donc pas possible que le fonctionnaire prétende exercer ses pouvoirs avec autant d'aisance que s'il se trouvait en pays assimilé de vieille date. Il a besoin d'être seul juge de l'opportunité de ses actes et, pour ce faire, il doit être laissé maître de ses résolutions. Il est sage qu'il en soit ainsi là où tout est à créer, l'œuvre des idées comme l'œuvre matérielle. Il s'ensuit que le fonctionnaire, n'ayant pas à faire fonctionner des choses acquises mais ayant d'abord à les inculquer, est avant tout un éducateur responsable dont la mission est à la fois plus délicate et plus féconde. Il est un missionnaire laïque et son influence, au point de vue colonisateur, peut avoir des résultats incalculables. C'est de sa part une question d'intelligence, de tact et de savoir. Et dans ces conditions on ne peut dire de lui qu'il est inutile, encore moins qu'il est superflu.

Le fonctionnaire qui s'inspirerait de cette doctrine que l'Européen, par le fait seul qu'il est devenu le dominateur de circonstance en vertu d'une supériorité sur ceux qu'il domine, a le devoir de pratiquer à leur endroit un apostolat de tous les jours, dont les conditions peuvent se résumer aux termes suivants : se montrer supérieur dans l'initiative, dans la protection, dans la justice. Sa supériorité s'exercerait à enseigner ce qu'ils ignorent à ceux qui l'entourent, à leur apprendre les secrets de la lutte matérielle par les secrets de l'intelligence, les moyens de vivre en paix, de supporter ou de combattre la souffrance, de s'être utiles les uns aux autres. Sa supériorité, enfin, aurait pour objet d'élever par l'exemple et par l'éducation, d'initier à une supériorité intellectuelle relative et graduelle des deshérités qui ne s'expliquent pas qu'on tourne en ridicule le peu qu'ils savent, qu'on violente leurs usages et leurs sentiments, qu'on méprise systématiquement leur nature et qu'on leur donne trop souvent le spectacle d'un abandon de soi-même qui n'est point fait pour justifier la supériorité dont nous nous targuons.

Si, par conséquent, le fonctionnaire, placé dans des conditions spéciales d'isolement et en présence d'un état d'ignorance qui peut faire de lui un véritable agent de civilisation, comprend ainsi l'acception de son rôle, il représente excellemment le plus sérieux, le plus fécond, le plus désintéressé des éléments de colonisation. Il peut même, à ce point de vue, réaliser beaucoup plus que ne réaliserait un groupe de colons. Car, ceux-ci, préoccupés avant tout de leurs intérêts et imprégnés par anticipation de ces théories erronées auxquelles nous faisions allusion plus haut, ne font généralement rien pour les indigènes. Il n'y a pas d'exemple probant que des commerçants européens, qui ont été jusqu'à ce jour les seuls colons de l'Afrique occidentale, aient fait la moindre tentative sérieuse pour mettre en valeur cet élément économique de premier ordre qui s'appelle l'indigène.

Seuls, les missionnaires ont fait à cet égard ce qu'ils ont pu. Encore n'ont-ils agi que sous l'influence d'un sentiment religieux. Les perspectives économiques sont vagues et mal définies dans leur programme. Ce qui les rend intéressantes pour nous leur échappe. Nous devons rechercher l'adaptation des populations noires au point de vue national, par l'éducation constante de ces populations. Les missionnaires négligent le point de vue national et font un prosélytisme dont les bénéfices sont tout aussi régulièrement applicables à des intérêts étrangers et concurrents qu'à nous-mêmes.

L'absence de méthode, de la part de la France, dans la prise de possession politique des territoires africains et conséquemment l'absence d'un programme de colonisation, n'a pas été pour encourager l'initiative des missionnaires religieux dans un sens national. Contrairement à ce qui s'est passé du côté des Anglais où nous avons toujours vu et où nous voyons encore les missionnaires prendre les devants non seulement sur les projets mais sur les conceptions de leurs compatriotes et leur indiquer, pour ainsi dire, les installations à effectuer, les établissements à créer, les territoires à conquérir; les nôtres, dépourvus d'une ambition légitime dont les manifestations patriotiques n'eussent pas été sanctionnées par notre diplomatie, se sont bornés à la propagande religieuse pratiquée indifféremment, ici ou là, selon qu'un champ d'activité quelconque s'offrait à leur apostolat, sans s'inquiéter que celui-ci fût protégé par tel ou tel drapeau.

Les missionnaires du Dahomey ont fait exception; et il n'a pas dépendu d'eux que cette question ne fût pourtant résolue à son heure opportune, alors que nous en étions encore à nous interroger sur sa valeur et sur l'utilité de nous en occuper.

Aussi, ce désintéressement de nos missionnaires africains a-t-il toujours été un sujet d'étonnement pour les autres nations. Anglais et Allemands, en particulier, se sont plu à reconnaître que l'œuvre des missionnaires français leur avait été, leur est encore aussi profitable, sinon davantage, qu'à nous-mêmes. Nous défions qu'on en puisse dire autant des missionnaires étrangers à l'égard de la France.

Mais il ne suffit pas que le fonctionnaire soit un protecteur de l'indigène dans le sens le plus libéral, il faut qu'il protège aussi le colon.

Le colon, exploiteur de la terre ou agent commercial, a besoin d'une double sanction, celle de l'indigène et celle de l'autorité européenne. Or, il est évident que la première ne peut être en contradiction avec la seconde. L'indigène répugne à donner sa sanction morale à un Européen qu'il voit privé de la protection de ses compatriotes.

Il ne faut pas oublier qu'en ce qui concerne principalement les races africaines qui professent l'islamisme, il est de toute nécessité de ne rien faire qui puisse leur permettre d'accommoder leurs doctrines sur l'esclavage avec les conclusions qu'ils tirent de nos actes. Les noirs du Soudan occidental, par exemple, supposent qu'on est toujours le captif de quelqu'un. Si donc ils voient un blanc molesté par un autre, en vertu de quelque galon de plus, possédé par ce dernier, ils ont tôt fait de retirer leur confiance à celui qu'ils considèrent comme un captif en état de faute.

Il ne s'agit pas d'accorder inconsidérément un crédit officiel, mais de tenir la balance exacte entre l'indigène et l'Européen ; de telle sorte que l'indigène n'ait pas lieu de s'associer au mépris que l'Européen en puissance d'autorité affecte généralement, plus souvent à tort qu'à raison, pour les autres Européens quelconques.

Cette disposition du fonctionnaire colonial est, d'ailleurs, commune à d'autres pays que le nôtre. Les Russes s'en plaignent énergiquement. Il est cependant on ne peut plus facile de remédier à cette défectuosité. Il suffit qu'elle disparaisse pour faire place au règne de l'encouragement égal de l'indigène et du colon.

L'ISLAMISME AU SOUDAN OCCIDENTAL

Nous avons dit que les commerçants européens en Afrique n'avaient jamais fait une tentative sérieuse pour mettre en valeur l'élément noir. Cette affectation d'irresponsabilité à l'égard des noirs a été une grosse faute. Nous leur avons imposé, pour la justification de notre pouvoir, des problèmes politiques dont la morale devait surtout s'inspirer de nos intérêts commerciaux. C'est de cette même morale que devra procéder dans l'avenir l'œuvre des compagnies de colonisation. Mais, de même que ces compagnies n'assureront leur vitalité rationnelle qu'à la condition de prendre corps à corps l'élément indigène et de se fondre en quelque sorte avec lui, de même les commerçants européens qui, jusqu'à ce jour, ont monopolisé les affaires commerciales africaines, ont eu le

tort de s'abstenir d'efforts quelconques pour assurer entre eux et l'élément noir un rapprochement
basé sur d'autres sentiments que ceux de l'intérêt
du négoce. L'agent essentiel des transactions a été
l'indigène. Il le sera plus encore dans l'avenir. Or,
cette participation de l'indigène à l'existence commerciale européenne n'a produit aucun résultat sérieux pour l'élévation de l'élément noir. Il est resté
fruste, inexpérimenté, sans initiative et sans progrès.

N'est-ce pas cependant un spectacle étrangement
intéressant que celui d'une population soi-disant
barbare, qui, mue par ses seules forces, devient
l'auxiliaire empressée, parfois dévouée de l'élément européen; se constitue le véhicule de ses
intérêts et confirme la communauté de ceux-ci
avec les siens, sans autre stimulant que la spontanéité du travail et le désir d'en recueillir les
fruits? D'autre part, peut-on dire que l'État a été
le protecteur de cette disposition laborieuse? N'exa-
gérons pas la valeur des mots. L'État s'est donné
la tâche de conquérir et il a conquis. Il a étendu
et il étend encore aussi loin que possible la prise
de possession territoriale.

Le résultat de cette extension n'a pourtant pas
été d'augmenter sensiblement la production dans

des pays qui produisent trop peu et qui, produisant trop peu, ne consomment pas suffisamment. La production venait surtout de plus loin. Elle continue encore à venir d'au delà nos frontières. D'ailleurs, la conquête s'est faite à main armée. Les populations en ont souffert et la production s'en est ressentie. La mobilité des noirs se concilie mal avec les crises belliqueuses. Celles-ci apportent des découragements qui suspendent tous les labeurs. La guerre n'est-elle pas la mise à sac et conséquemment la ruine ? N'absorbe-t-elle pas en un jour, en une heure, les fruits des travaux accumulés ? Pourquoi produire pour mettre en réserve si ce qu'on emmagasinera est destiné à la destruction ou au bénéfice de l'adversaire ?

Donc, la conquête par les armes n'a pas favorisé la colonisation et n'a pas davantage servi les intérêts du commerce. Celui-ci n'a pu vivre et n'a exclusivement vécu que de la bonne volonté des traitants et de tous ceux, en général, qui le considèrent comme le premier et le dernier mot des relations avec les Européens.

Il importe de noter encore que le sentiment religieux local n'a jamais nui à l'indépendance de ces relations. Pourtant, ce sentiment a eu ses manifestations, et l'une d'elles a été particulièrement

grave. C'est celle dont El Hadj Oumar fut l'âme
en 1857 et qui faillit un instant compromettre
l'existence même de la colonie du Sénégal. L'histoire en a été écrite et il n'y a pas lieu d'y revenir.
Une autre, plus récente, et dont les proportions
furent moindres, nous a cependant causé quelque embarras de 1886 à 1888. On sait que son auteur, Mahmadou-Lamine, fut loin d'avoir le crédit
d'El Hadj Oumar qu'il prétendait imiter.

Certes, des manifestations comme celles que je
viens de rappeler ont pu servir de base à des allégations graves sur l'importance du sentiment religieux dans notre Soudan occidental. Peut-être
s'est-on cependant trop hâté de conclure. L'islamisme prête beaucoup à la légende et on ne me
paraît pas tenir assez compte de certaines considérations appropriées aux milieux où il s'exerce.
Or, l'Islam procède d'une nécessité militante. Il
ne s'alimente que par l'action. Les Peuls qui,
vraisemblablement, après les Berbères du Nord,
l'ont répandu dans tout le Soudan occidental jusqu'à la côte et depuis la limite saharienne jusqu'à
l'Adamaoua, sont devenus de mauvais prosélytes
le jour où ils n'ont plus conquis les armes à la
main. Après eux, leurs métis Toucouleurs ont
été des agents selon la doctrine. Eux seuls le sont

encore aujourd'hui dans la plénitude du fanatisme, parce que, seuls, les Toucouleurs sont restés militants, à l'occasion, avec l'impulsion religieuse pour prétexte. Mais, comme ce sont les individus qui suscitent les prétextes, ceux-ci sont en raison directe de la volonté de leurs auteurs et il en résulte que l'impulsion religieuse elle-même est absolument subordonnée à ceux qui la dirigent. Autant El Hadj Oumar et Mahmadou Lamine ont caractérisé cette impulsion, autant ils en ont vécu, autant Ahmadou et Samory, par exemple, s'y sont montrés indifférents. Chez les premiers, la guerre était faite en apparence au nom de l'Islam; chez les seconds, elle est faite cyniquement pour son vrai motif et c'est ce dont je vais parler.

C'est une vérité ressassée que la fortune des chefs noirs repose entièrement sur le nombre de leurs captifs. L'esclave représente la plus grande somme des intérêts et, tout d'abord, le boire et le manger, car il cultive la terre qui nourrit. Il est l'expression la plus simple du capital, car il se vend, se donne ou s'échange et le chef ne l'achète pas; il le prend. Donc, plus le chef a d'esclaves, plus il est riche. Mais, pour en avoir, il lui faut nécessairement faire la guerre. C'est là toute la moralité des luttes entre noirs.

Que la guerre ait lieu entre royaumes musulmans ou entre musulmans et idolâtres, le but est toujours le même. S'il n'en est pas le principal, il en est le second. Car, si celui qui fait la guerre à un coreligionnaire la lui fait, comme le Maroc la fit au Sonrhaï à la fin du seizième siècle, c'est pour s'emparer d'un marché commercial important. Or, le captif étant une monnaie, plus exactement qu'il n'est une marchandise d'échange, il y a intérêt à posséder un marché commercial. Pour les noirs, les affaires commerciales priment tout et la guerre n'est surtout, pour le marabout pauvre et ambitieux qui veut se faire une carrière, qu'une affaire commerciale, comme pour les autres. Il s'ensuit que le sentiment religieux ne compte plus que pour bien peu de chose dans les manifestations soi-disant religieuses dont nous pouvons, parfois, avoir à souffrir.

Toute la différence entre les uns et les autres, de ceux qui font la guerre, est que les uns en puissance de royaumes, d'armées, de prestige dynastique et d'argent, peuvent se contenter de ces moyens-là pour attaquer leurs voisins ; tandis que d'autres, qui n'ont ni royaumes, ni armées, ni prestige dynastique, mais sont souvent, au contraire, des victimes de la mauvaise fortune, ont besoin, pour réaliser ce qui leur manque, d'avoir recours à quelque chose ; et ce quelque chose est la religion.

Quand cela ne rapporte pas directement à celui qui s'en sert, ce sont au moins ses enfants qui en profitent. La réputation laissée par leur père leur sert de capital.

Certes, il y a aussi des foyers religieux de l'Islam, ce qu'on appelle trop inconsidérément des villes saintes. Il faut pourtant admettre que la répartition des forces intellectuelles n'est pas, en pays noir, ce qu'elle est en pays civilisé. En terre musulmane où la religion d'essence constitutionnelle tient lieu de tout, son enseignement équivaut à un cours de droit administratif. Là où on le pratique dans des proportions considérables, avec abondance de mosquées pour corollaires, la ville acquiert la réputation d'une de nos universités. Et, comme les préceptes du Coran résument toutes les institutions musulmanes, il s'ensuit que l'opinion à l'égard de ces institutions s'y montre plus jalouse et plus soupçonneuse, parce qu'elle est représentée par des gens qui s'instruisent davantage, sous les yeux de privilégiés qui, par leur savoir et leur enseignement, figurent absolument des pouvoirs publics. Ce n'est pas une raison pour que ces foyers intellectuels soient nécessairement des foyers de fanatisme. Heureusement, l'Islam n'a pas prévu, dans une mesure suffisante, l'influence qu'exerceraient un jour sur ses adeptes les relations commerciales des peuples. S'il est une chose propre à tempérer chez le musulman les ardeurs de la rêverie religieuse, ce sont ces relations. Elles sont pour lui le point de départ de lois sociales auxquelles il lui est impossible de se dérober. Pour lui, le chrétien, le juif, l'idolâtre perdent leur caractère d'infidèles en présence des transactions d'affaires et il n'est pas de tolérance à laquelle il ne condescende par respect pour des intérêts d'ordre commercial.

Aussi bien, lorsque nous parlons des populations africaines, ne les examinons pas en bloc et prenons-les séparément selon leur histoire et selon les conditions fort diverses qui caractérisent chacune d'elles. Je ne puis cependant terminer ces réflexions sans citer l'opinion exprimée sur l'Islam et son œuvre par un de nos explorateurs de l'Afrique occidentale. On verra que cette opinion concorde, d'ailleurs, avec ce que j'ai dit des Arabes dans l'Est africain.

« Quel que fût le chemin que nous prenions pour pénétrer dans le noir Soudan, a dit cet ex-

plorateur (1), nous nous heurtions toujours à un
ennemi, qu'il fût fétichiste ou musulman. Mais,
de ces deux éléments qui se partagent le Soudan,
auquel se rallier cependant pour faciliter notre
marche dans ces immenses contrées? Je dirai :
aux musulmans.

Le Soudan restant aux fétichistes, c'était un
vaste territoire voué à la barbarie, au cannibalisme, à toutes les horreurs que peuvent concevoir des hommes sauvages et cruels.

C'était la plus riche contrée du continent africain vouée à l'immobilité, sans commerce, sans
industrie, sans culture, sans aucun progrès dans
l'avenir.

Le Soudan, accaparé par l'Islam, c'est la discipline et l'organisation de masses d'hommes jusqu'ici isolées et farouches; c'est le groupement
des individus sous une même idée, un même sentiment, dans un milieu où l'homme n'obéissait
qu'à ses instincts ; c'est un pays acquis à certaines
idées primordiales qui l'achemineront petit à
petit vers des idées plus larges, pour aboutir plus
tard à la formation d'une société, d'un Etat, où
l'individu apprendra qu'il a des droits, mais aussi
des devoirs.

(1) *Au Bas-Niger*, par Edouard Viard.

Cette première besogne contre la barbarie, ce dégrossissement de l'individu pour ainsi dire, on le doit à l'Islam.

Le mahométisme est assurément une étape vers la civilisation. Sans doute, le Coran laisse à désirer sous bien des côtés, mais il arrivera certainement un moment où le mahométan lui-même comprendra qu'il doit faire des concessions à l'époque actuelle, éliminer de son dogme ce qu'il a de trop antihumain. Déjà beaucoup le comprennent, et avec le temps on arrivera à faire de l'Islam, religion qui s'identifie le mieux avec la nature du nègre, le plus précieux auxiliaire des intérêts français en Afrique. »

L'ESCLAVAGE

La manifestation la plus importante de la vie des noirs est l'esclavage. Sous quelque forme qu'il se produise, il aboutit toujours à une institution sociale.

Comment devons-nous l'examiner?

Nous avons lieu de nous en préoccuper à deux points de vue, celui de la razzia et celui du trafic.

La razzia est la chasse à l'homme. L'Européen ne l'a certainement pas inventée; mais on peut dire que le jour où il s'est montré sur les côtes africaines pour y prendre non seulement la production mais le producteur lui-même, il a encouragé cette disposition des mœurs noires.

La razzia existe donc d'un bout à l'autre de l'Afrique, partout avec les mêmes formes effroyablement féroces. Elle est le résultat des surprises de bandes organisées, comme aussi de toutes les guerres où les prisonniers deviennent un capital vivant. Les bandes sont organisées par des traitants qui centralisent la marchandise humaine, avec ou sans le concours des chefs, petits ou grands, et la revendent avec d'autres marchandises, en utilisant la première pour véhiculer les secondes.

C'est ainsi qu'on voit se dérouler dans toutes les parties du continent noir des caravanes pitoyables en leur misère et qui se disloquent parfois sous l'influence des solitudes, des privations et des odieux traitements, égrenant des cadavres sans sépulture et propageant l'avidité meurtrière à travers des populations qui ne conçoivent plus le crime que par crainte d'en être victimes elles-mêmes.

Ce spectacle est pourtant moins douloureux que l'événement qui le détermine. La caravane d'esclaves s'explique en un pays qui n'offre aucun autre moyen de résoudre les distances que celui de les franchir à pied. La razzia ne s'explique pas.

Dépeupler des villages, terroriser des tribus, détruire le sentiment personnel, anéantir le droit à la famille et aux intérêts, supprimer l'espérance et faire du noir un être exclusivement instinctif qui vit sans prévoyance parce qu'il lui est interdit de penser au lendemain ; un être passif et de résignation fatale parce qu'il n'a que l'horreur des souvenirs, l'épouvantement du présent et l'angoisse des jours futurs ; voilà les résultats de la chasse à l'homme, de la razzia, monstruosité contre laquelle doivent protester toutes les civilisations solidaires.

En ce qui concerne les chasseurs d'esclaves, il y a deux moyens de les supprimer ou de les rendre impuissants.

Le premier consiste à organiser la défense des populations là où l'élément européen peut leur donner le concours de son intelligence et de son énergie. A l'abri des pavillons français, anglais, allemand, italien, espagnol, portugais et belge, les villages situés sur des territoires protégés par une de ces puissances peuvent être mis en état de repousser par la force les tentatives des chasseurs d'esclaves ou de trafiquants, ce qui est la même chose, puisque les derniers ont recours aux premiers pour amener leurs marchandises jusqu'aux marchés où ils doivent les revendre.

Le second moyen consisterait à organiser un contrôle sur le parcours et aux points terminus de ces itinéraires de façon à ne laisser passer que des porteurs régulièrement engagés pour un temps déterminé ; de telle sorte qu'avant de prendre des dispositions pour empêcher la sortie des esclaves du continent, on s'efforcerait d'abord de rendre nuls les procédés employés pour les amener jusqu'au littoral, c'est-à-dire les caravanes. Il est impossible qu'avec l'influence, même relative, que possèdent aujourd'hui certaines puissances, on n'arrive pas à entraver de cette manière les organisations de caravanes lorsqu'elles sont illégales.

Les États européens prennent des mesures contre l'émigration de leurs nationaux. Ils ont le même intérêt à en prendre contre la dépopulation organisée du continent africain. Il ne s'agit pas d'offensive à prendre, mais de défensive à observer. Quand les noirs intéressés se sentiront soutenus, il n'y aura plus de razzias, plus de villages détruits, plus de porteurs cachant des esclaves, autrement dit plus d'esclaves emmenés à la côte ou aux marchés de tolérance que couvrent encore de leur inertie quelques nations plus soucieuses d'ivoire que de ceux qui le lui apportent.

Mais, à côté de la razzia opérée par des courtiers de profession, il y a celle pratiquée par des chefs dont c'est la seule morale belligérante. Ils sont nombreux. A l'est ou à l'ouest du continent, ils font la guerre pour recruter des prisonniers, c'est-à-dire des esclaves et, conséquemment, des capitaux. Plus ils en dénombrent, plus ils sont riches; car l'esclave travaille pour le maître et produit; car l'esclave peut être vendu, échangé, donné en cadeau ou immolé par le maître. Il constitue le meilleur de la population du chef, celle qui l'enrichit ou l'aide à remplir ses coffres quand il en a besoin. Il lui garantit sa force et son prestige, il assure sa descendance; il l'empêche souvent d'être lui-même un captif!

C'est ce qu'on pourrait appeler l'esclavage conservateur.

Il est la base du régime social de tous les pays noirs. Le pire, c'est que lorsque nous lui opposons un régime de guerre, ainsi que nous l'avons fait depuis trois ans, nous ne faisons que l'encourager. Les chefs noirs ne souffrent jamais d'une pléthore de capitaux, autrement dit d'esclaves. Plus on guerroie contre eux, plus ils ont besoin d'esclaves, autrement dit de capitaux. Et puis, ces gens qui considèrent tout individu comme captif de quelqu'un, pour qui un commandant supérieur est captif d'un gouverneur et pour qui un gouverneur est captif du président de la République, ne comprennent pas que nous fassions la guerre sans l'arrière-pensée de faire des captifs.

Si, d'autre part, nous ne faisons pas de captifs, nous en utilisons pourtant quelques-uns lorsque nous en trouvons. On distribue les femmes aux tirailleurs ou aux spahis et on laisse les hommes, s'il en reste, libres d'aller où bon leur semble.

Il est cependant présumable que le jour où nos contacts avec les chefs noirs, amenant de leur part quelque assimilation de goûts et leur créant de nouvelles ressources basées sur les moyens agricoles et industriels dont ils disposent, la guerre pour le recrutement de nouveaux esclaves subira un sensible discrédit. Outre qu'il pourra être loisible aux nations européennes de l'empêcher par leurs conseils et quelquefois par la force, les chefs qui trouveront dans la mise en valeur de leurs pays des intérêts nouveaux et des ressources compensatrices à celles que leur procurait la guerre, n'éprouveront plus la tentation de risquer celle-ci pour l'éventuelle satisfaction d'un butin qui n'est pas toujours facile à conquérir.

Le recrutement des esclaves aura donc grandes chances de s'arrêter.

Mais ce serait une naïveté de supposer que le commerce tout seul résoudra ce bienfait. Outre que, jusqu'à ce jour, le commerce en pays africain n'a pas toujours amené la moralité avec lui, ceux qui considèrent comme une panacée la pénétration commerciale oublient que les populations noires vivent surtout sous un régime d'absolutisme; que le prince est tout et l'individu moins que rien; que le chef sera toujours le premier dispensateur des libertés commerciales accordées à l'Européen; qu'il voudra être toujours le premier à en jouir et qu'il en accaparera toujours les bénéfices, sauf à laisser mourir de faim ses sujets.

Les populations noires ne ressentiront vraiment les bienfaits que le commerce est susceptible d'apporter avec lui qu'à la condition que ces bienfaits seront judicieusement répartis; autrement dit à la condition que la tutelle des pouvoirs européens en surveillera la répartition.

C'est pourquoi le système des compagnies de colonisation, dont l'essai peut être prudemment renouvelé, sans prendre exemple sur l'expérience décevante du passé, ne saurait être appliqué qu'à la condition de l'être conjointement avec le protectorat de l'État. Ceci n'implique pas une subordination à la colonisation officielle, mais un rapport nécessaire entre deux initiatives, dont l'une aura pour premier devoir d'assurer la liberté des populations envers et contre des ingérences privées aussi bien qu'envers et contre leurs chefs (1).

Cependant, et malgré tout, l'esclavage subsistera en tant qu'institution acquise.

A celui-là, il faut se garder de toucher témérairement. Il est la base même du régime économique africain, je veux dire en pays musulman. Ce ne sera qu'avec beaucoup de temps et de prudence et après des modifications qu'il sera utile de favoriser dans le régime de la propriété qu'on obtiendra la transformation de cette institution, ou plutôt son inanité.

Déjà elle a subi, du fait de notre protectorat direct, dans les pays où il est exercé, une altération appréciable. Sous notre influence, les captifs de case eux-mêmes, que protègent des traditions particulièrement respectées, commencent à se désagréger. Les facultés excessives accordées à la libération ont imposé le sentiment d'une protec-

(1) L'*African Association*, compagnie anglaise sans charte qui administrait jusqu'à la fin de 1890 les Oils-Rivers, territoires anglais sur la côte de Guinée, entre Lagos et Cameroun, ne s'était jamais préoccupée de l'esclavage et du cannibalisme de peur de nuire à son commerce. L'Angleterre a pris le parti de réorganiser entièrement ces territoires pour mettre fin à un état de choses aussi déplorable.

Il y a là un fait expérimental dont tous les gouvernements peuvent tenir compte à propos des compagnies sans chartes ou avec chartes.

tion attentive qui a servi pour donner aux captifs, même aux captifs moins privilégiés du lougan (de culture), des garanties dont ils aiment parfois à se prévaloir sans en user beaucoup. On voit des captifs, à qui ont été délivrées sur leurs demandes des patentes de libertés, retourner à leurs maîtres et à leurs champs après avoir tâté du vagabondage dans les villes du littoral. C'est là un mal pour un bien. Ce qui ne saurait nous empêcher, d'ailleurs, de poursuivre nos essais de villages de liberté, constitués précisément avec des captifs libérés. On trouverait même dans ces essais des éléments tout préparés à des expériences agricoles dont l'État pourrait prendre l'initiative par des concessions accordées à des individus ou à des groupes d'individus et par des encouragements donnés à leurs travaux. Tout en expérimentant de cette manière, et pour la première fois, un morcellement de la propriété, on opposerait à la communauté des biens sous la dépendance autocratique des chefs, communauté qui est la caractéristique la plus éloquente de l'esclavage patriarcal tel qu'il existe dans notre Soudan musulman ; on opposerait, ai-je dit, l'exemple d'efforts individuels sanctionnés par l'indépendance et le droit de possession.

Mais tout est relatif avec les noirs. Il n'y a pas

plus à espérer un nivellement absolu des choses qu'il n'y a lieu de compter sur la réussite d'un système uniformément appliqué. Ce qui conviendra ici ne conviendra pas là. Le temps seul, la patience, l'exemple et l'initiative développée chez quelques sujets exceptionnels donneront des résultats. J'ai déjà parlé de l'exemple chez les fonctionnaires. Puisse-t-il se trouver aussi chez ceux qui ne le sont pas; c'est-à-dire chez le colon, le négociant ou l'explorateur quelconque. L'Afrique a surtout besoin d'honnêtes gens, dans l'acception la plus rigoureuse du mot.

Je cite encore l'opinion d'un voyageur. « Si les nouveaux venus, dit-il (1), sont des braves gens, ils peuvent, tout en tirant profit de leurs articles, imprimer une direction civilisatrice à ces cerveaux neufs; mais si, au contraire, ces hommes ne sont que des trafiquants n'ayant en vue que la réalisation d'énormes bénéfices, sans aucun souci de l'éducation des indigènes, leur venue est plutôt un malheur pour ces malheureux, chez lesquels alors elle ne fait qu'éveiller d'affreux instincts de possession qui les pousseront à s'entretuer pour les satisfaire et d'affreux vices qui les dégraderont

______

(1) Au *Bas-Niger*. Édouard Viard.

plus qu'ils ne le sont déjà. Mais ce rôle d'éducateur peut-on le demander à des négociants? J'en doute. Alors on se trouve devant ce problème : ou laisser ces peuples sauvages à leur sauvagerie native, tout en les exploitant; meilleure manière de les abrutir davantage ; ou nécessité d'avoir à côté du marchand des hommes attirés dans ces pays, non par l'appât du gain, mais par la noble mission de relever le moral des malheureux habitants de ces contrées. »

Ce sont là des vœux qui touchent de plus près qu'on ne pense à la question de l'esclavage.

Plus on exercera des rigueurs inutiles envers les noirs; plus on affectera de disposer impunément de leur liberté, de leurs biens, de leur existence; plus la supériorité, quelquefois contestable d'ailleurs, de l'Européen sur le noir se manifestera par un dédain brutal de sa personne et de ses institutions, moins le contraste sera en notre faveur et moins les populations comprendront cette liberté dont elles pourraient voir le nom à tout propos dans nos discours si elles savaient les lire, mais qu'on ne leur apprend jamais.

Arbitraire pour arbitraire, le noir aime mieux celui dont il est l'objet de la part des siens que celui que nous lui infligeons. Son esclavage, sur lequel nous versons des larmes hypocrites, est pour lui une espèce de socialisme d'État. Il y trouve une protection effective s'il en meurt quelquefois plutôt qu'il ne voudrait. Il y trouve son existence assurée par solidarité avec celle de son maître. Quant au mépris que peuvent, dans certains cas, lui témoigner ceux de ses compatriotes qui ne sont pas esclaves, il s'en console en songeant qu'ils peuvent le devenir comme lui du jour au lendemain.

J'ai dit plus haut que le commerce européen profiterait bien plus aux chefs qu'aux populations. Il n'y a pas de doute à garder à ce sujet. On sait déjà que plus les chefs sont à même de se procurer nos marchandises par voie d'échanges, plus ils font travailler leurs captifs, pour produire beaucoup afin d'échanger beaucoup avec nous (1). Il en résulte que l'extension commerciale ne sera pas le moins du monde un moyen de discréditer l'escla-

(1) C'est ce qui se passe avec la *Royal Niger Company* depuis son établissement au Niger. La rive nord de la Bénoué est presque dépeuplée par les Mitchis, peuplade fétichiste et batailleuse, qui a réduit en esclavage tous les villages de cette région. C'est ce qui se passe également au Congo où des indigènes qui viennent dans le haut Ogoué, comme traitants au service de négociants européens, rentrent rarement dans leurs villages sans ramener un ou deux esclaves qu'ils vendent à leurs voisins.

vage. Pourtant, le travail du captif est en soi une chose utile, puisqu'il n'y a pas mieux à mettre à la place. On voit donc bien qu'il faudra chercher d'autres remèdes à côté du commerce pour transformer une institution que condamnent nos mœurs et qui, en tout état de cause, est une entrave à notre influence. Ces remèdes ne sont pas impossibles à trouver.

Déjà, nous sommes arrivés à modifier, sinon à vaincre absolument certains préjugés : ceux qui, par exemple, s'attachent aux métiers. Depuis que nous avons employé des noirs pour le travail du bois ou du fer, il est certain que les artisans de cette catégorie ne sont plus l'objet des mêmes mépris que jadis. Il n'y a pas de raison pour que nous ne transformions pas dans un sens libéral les pratiques agricoles, pour que nous n'en fassions pas une profession libre et rémunératrice pour celui qui l'exercera. J'ai dit quelles ressources pourraient offrir à ce sujet les villages de liberté. Il y aurait lieu d'encourager, d'autre part, les tentatives agricoles de certains Européens, tentatives à peu près concluantes dans les proportions modestes où elles ont été entreprises. Ce sont là d'excellents principes de transformation. Je reviendrai plus loin sur ces tentatives. Mais, dès à présent, il importe de fixer un point capital qui intéresse essentiellement cette transformation.

Aussi bien, j'ai développé dans un autre chapitre ce que je crois nécessaire par réciprocité pour le bien de l'indigène, du fonctionnaire et du colon. J'ai dit la protection que ces trois éléments devaient exercer l'un envers l'autre.

Voici, cependant, ce que dit à l'encontre de ce principe un de nos compatriotes qui représente au Soudan français un syndicat commercial (1) :

« L'autorité militaire, très jalouse de ses prérogatives, a établi en principe de nous considérer comme des gens sans scrupules, venus uniquement dans le pays pour exploiter la crédulité des noirs. Si ceux-ci paraissent prendre confiance en nous et nous témoigner cette confiance en nous priant d'intervenir dans leurs débats particuliers et la direction de leurs modestes intérêts, nous voyons surgir immédiatement un officier subalterne, voire même un simple sous-officier, s'arrogeant le droit de réprimer chez nous ce qu'il appellera avec emphase un « acte d'autorité ». A l'heure actuelle, nous sommes enfermés dans ce dilemme : ou bien nous vivrons en bons termes

(1) Rapport de M. E. Béchet sur sa mission industrielle et commerciale 1890-91.

avec les noirs qui se grouperont autour de nous et nous prendront comme arbitres ; et alors l'élément militaire, maître du pays, nous rappellera à tout instant sa suprématie de la manière la plus rigoureuse et la plus préjudiciable à notre action, ou bien nous serons en parfaite intelligence avec les chefs de poste, à condition de faire une complète abstraction de notre personnalité et de refuser aux noirs tout conseil de sagesse et de progrès. »

Ces paroles ont leur gravité. Celui qui les a écrites est un homme de bonne foi.

Malheureusement, elles répondent à des tendances trop connues de ceux qui s'occupent de colonies pour autoriser la contradiction.

Ce qu'elles exposent est déplorable.

Pourtant, il faut s'entendre. La pénétration commerciale dont parlen. à satiété les uns ou les autres ne signifie rien si elle n'est pas protégée tout en étant indépendante.

Si on admet que le commerce est susceptible d'apporter la morale avec ses tissus, il faut se garder de discréditer ceux qui le représentent. C'est un élément à prendre pour ce qu'on en espère ou à laisser tranquille pour ce qu'il vaut. Or, on en espère beaucoup et on n'a pas tort. Mais, lorsqu'il devient, à côté de ses intérêts, un élément de pénétration sociale, il y a lieu de s'y intéresser bien davantage. C'est plus qu'une opportunité intelligente, c'est un devoir sacré.

« On abuse parfois des comparaisons désobligeantes entre l'activité anglaise et l'inertie française, écrivait il y a quelques années M. Raoul Frary (1). Il faut pourtant avouer que si nos rivaux possédaient une position comme Bamakou, ils ne se contenteraient sans doute pas d'y entretenir une garnison qu'on ravitaille laborieusement tous les ans.

Il se formerait des caravanes de négociants ; de hardis touristes étudieraient le pays, le feraient connaître au public par des relations émouvantes.

Il se formerait des sociétés commerciales pour l'exploitation du Soudan. Les industriels et les exportateurs de la mère-patrie ne perdraient pas un jour pour s'ouvrir un nouveau débouché. On ne laisserait pas les militaires faire seuls leur besogne... Nous savons toujours conquérir ; nous ne savons pas profiter de nos conquêtes. »

Voilà cependant que nous essayons de prouver le contraire. Quelques Français se groupent avec l'intention de mettre en valeur ce que les mili-

(1) Journal *La France* du 15 mai 1836.

taires nous ont donné. C'est de la bonne logique. Ce qui ne l'est plus, c'est de les entraver.

Des témoignages sont là qui prouvent qu'avec l'intérêt commercial honnêtement exposé on va plus vite qu'avec les armes. L'élément militaire commet la faute de ne pas comprendre que la substitution d'un élément pacifique au sien est opportune. Il faudra cependant qu'il s'incline devant cette nécessité.

Bien plus, les initiatives qui s'exercent en petites proportions sont plus respectables que les autres, car, en tout état de cause, elles affectent à l'égard de l'indigène un système de persuasion bien moins inquiétant que ne le serait celui d'une grande compagnie qui, en vertu de ses priviléges, apportera toujours un certain trouble dans l'esprit des populations.

Si j'insiste sur cette manière de digression, c'est qu'elle se rapporte beaucoup plus qu'on ne pense à la question de l'esclavage.

L'élément militaire représente la force et, par conséquent, un argument temporaire, dont les populations noires aussi bien que les autres se lassent vite et escomptent la fin.

L'élément commercial représente un des côtés intéressants de la vie économique.

L'un exige, l'autre encourage. L'un met en œuvre des volontés soumises et se sert des institutions existantes à son profit, si mauvaises qu'elles puissent être. L'autre met en œuvre des initiatives, autrement dit des indépendances.

Lorsqu'un chef de village est souffleté par un de nos caporaux (1), l'esclavage reçoit une sanction navrante.

Lorsque nos commerçants, en retour de nos marchandises, demandent aux noirs les produits de leur travail, ils inaugurent un système d'affranchissement ; car ils témoignent ainsi leur respect pour le producteur qui leur apporte sa production, et la tradition est intervertie.

Il faut donc que le soldat protège le commerçant.

Il faut que le commerçant amène les noirs à travailler pour eux-mêmes. Ce sera encore une forme d'affranchissement. Il faut surtout abandonner ce préjugé absurde que le noir ne travaille pas. Son travail est certainement subordonné à ses besoins et ses besoins sont insignifiants. Mais lorsqu'il en a que le travail seul peut satisfaire, il n'hésite pas à solliciter celui-ci. Où qu'il soit, les distances ne

(1) 1886.

lui coûtent pas pour aller offrir le concours de ses bras. On a vu des noirs descendre en groupes nombreux du bassin du Zambèze pour venir travailler aux mines de diamants de Kimberley ou aux mines d'or du Transwaal (1). Cette disposition prouve une tendance à l'initiative dont il serait utile de profiter en la dirigeant bien.

Les commerçants de la côte occidentale connaissent bien cette tendance. Si elle n'est pas générale elle est du moins particulière à certaines peuplades qui l'expriment volontiers selon l'occasion. Les noirs qui viennent spontanément s'employer dans les maisons européennes sont nombreux. De même, il en est d'autres qui prêteraient le concours de leurs bras à l'agriculture si la bienveillance savait toujours s'allier à la fermeté chez les Européens et si une propension à se servir de l'autorité des chefs pour faire travailler leurs sujets trop gratuitement était moins fréquente chez ces mêmes Européens.

Qui dit sujets dit esclaves; d'autant que les chefs n'ont guère que des captifs à prêter. Il est, par conséquent, de toute évidence que si ces derniers ne sont pas payés ou le sont mal, ils ne

(1) Ernest de Weber, *Quatre ans au pays des Boërs.*

voient dans le travail qu'on leur réclame qu'une nouvelle forme de servitude.

J'ai fait allusion plus haut à certaine tentative qui ne semble pas, jusqu'à ce jour, avoir sérieusement fixé l'attention des gouvernements locaux. Il s'agit des villages de liberté. Ceux-ci ne se constituent pas exclusivement avec des esclaves arrachés à des caravanes. Les caravanes sont respectables quand elles apportent les produits de l'intérieur; car si on s'avise de les disloquer sous prétexte d'affranchir leurs porteurs, on peut être sûr qu'elles prendront d'autres routes. Nous en avons fait parfois l'expérience à nos dépens. Mais il y a, cependant, quelque chose à prendre aux caravanes. Il y a les malades qu'on peut soigner et les enfants qu'on peut élever. Les uns et les autres peuvent s'acheter quand ils sont achetables. Ce procédé de libération par acquisition ne serait pas nouveau. Il est assez fréquemment pratiqué par les missionnaires qui trouvent dans la main d'œuvre ainsi conquise une assez prompte rémunération. Nos administrations locales ne s'en trouveraient pas plus mal puisqu'elles y trouveraient un recrutement dont le contingent resterait à leur disposition.

Mais les villages de liberté se fondent aussi

avec des éléments que la pacification fera nécessairement disparaître. Ce sont les malheureux que la guerre impitoyable force à quitter leurs villages et à se jeter dans la brousse. Ceux-là sont des exilés sans refuge à qui il est toujours habile d'en offrir. Avec ou sans chefs, ils se groupent aux endroits qu'on leur indique, plantent en terre une grande perche avec un drapeau français au bout, et voilà un village de liberté. Il ne s'agira plus, pour la complète justification d'un si beau nom, que d'interdire aux habitants d'avoir des captifs. Mais, ce qui sera plus important encore, ce sera d'apprendre à ces nouveaux nationaux la valeur exacte du travail. Ce sera de les choisir pour premiers éléments d'une éducation nouvelle.

On n'imagine pas ce que nos patentes de liberté ont fait de vagabonds en pays noir, surtout dans nos territoires sénégalais. Le malheureux qu'un bout de papier a rendu libre ne sait que faire de son indépendance s'il n'est pas en état d'être tirailleur ou s'il n'a pas dans les mains une profession manuelle. Il représente donc un colon tout préparé pour qui voudra s'en servir. Certes, une émancipation intempestive n'est pas à redouter. Ce qu'il faut, c'est comprendre la nécessité de jouer sur les mots avec les noirs. Libres, ils doivent l'être !

Mais l'honneur de leur destinée, plus encore que l'économie coloniale, exige qu'on fasse pour eux ce qu'on fait pour les enfants qu'on n'amène que progressivement à leur majorité.

J'imagine que le système que se propose d'employer à l'égard des noirs le cardinal Lavigerie dans son aventureuse combinaison ne saurait procéder d'un autre sentiment. Il est impossible qu'on puisse grouper des éléments comme ceux avec lesquels les Pères blancs se proposent de fonder des stations sahariennes sans exiger d'eux un gage de cohésion et d'intérêt qui ressemblera singulièrement à une formule esclavagiste. Encore une fois, il est inutile de s'abuser sur les mots ; surtout lorsqu'il s'agit de choses que les noirs entendent différemment que nous.

Pour les indigènes de la côte occidentale, les jeunes enfants que les Pères du Saint-Esprit recueillent dans leurs établissements et emploient à la culture de leurs jardins ne sont que leurs captifs. Soit dit en passant, voilà un préjugé sans grande importance qui doit cependant sa ténacité à une observation très juste. Il est malheureusement rare qu'on essaie de faire quelque chose d'intéressant des jeunes noirs qu'on élève par charité. L'expérience serait cependant tentante qui consisterait à leur inspirer en bonne part quelques-uns de ces élans qui poussent un jeune homme aux recherches de l'esprit. Bien au contraire, on semble tenir à ne pas faire oublier au noir qu'il est d'espèce servile et doit garder cette conviction toute sa vie. Il serait au moins juste, après lui avoir donné un capital d'apprentissage, qu'on lui apprît toute la valeur de sa petite fortune. Dire des noirs qu'ils ressemblent à certains ouvriers d'Europe et sont même parfois plus heureux qu'eux, c'est exprimer, sans la moindre réflexion, une opinion qu'il faut se borner à qualifier d'erreur.

Misères pour misères, elles sont là-bas ce qu'elles sont ici, avec quelque chose de plus. Ici, l'âme humaine poursuit son envolée superbe par delà les événements, les égoïsmes monstrueux et les vengeances. Là-bas elle est avilie dans l'ignorance systématique de sa noblesse. Elle ne connaît même pas l'espérance, car elle n'en trouve la lumière ni parmi les noirs, ni parmi les blancs. Du moins elle ne l'apprend que sous deux formes, que nous avons le tort de mépriser quand nous n'avons pas celui de les redouter, le christianisme ou l'islamisme.

Ainsi, les Pères blancs feront œuvre d'anti-esclavagisme en empruntant à l'esclavagisme la seule forme qu'on en puisse retenir, le travail.

Mais, s'ils récompensent le travail imposé à leurs protégés par la seule forme éloquente du libéralisme, la propriété, on pourra dire alors de leurs noirs qu'ils seront plus heureux que des ouvriers d'Europe ; car ils auront non seulement perdu le sentiment de l'esclavage, ils auront acquis celui de conserver.

COLONISATION DU SOUDAN OCCIDENTAL

A quoi bon s'attarder dans les définitions qu'on s'est plu à donner de la colonisation ? Un point quelconque du globe a une valeur scientifique ou n'en a pas. Il est donc toujours possible, si ce point quelconque a des habitants, de tirer parti de sa valeur scientifique. C'est une question de mesure, d'éducation et de temps.

On a cependant dit du Soudan que l'Européen n'y pouvait pas vivre. C'est une erreur. Il y vit même en travaillant. Il y vit même mieux qu'en n'y travaillant pas.

« Il a été employé à la construction du chemin de fer de Dakar à Saint-Louis, du 3 décembre 1882 au 26 juillet 1883, comme personnel européen, 50 ingénieurs et agents, 570 ouvriers ; pendant la deuxième campagne, du 10 décembre 1883 au

26 juillet 1884, 53 ingénieurs et agents, 750 ouvriers ; enfin, dans la dernière, du 12 décembre 1884 au 1er août 1885, 55 ingénieurs ou agents, 707 ouvriers.

Au chiffre de ces ouvriers, il faut ajouter, pour chaque campagne, plusieurs centaines de noirs.

La mortalité sur les ingénieurs européens a été nulle. Quant aux ouvriers européens, il en est mort : la première campagne, 6 ; la deuxième, 8 ; la troisième, 11 ; soit au total 25 sur 2,027, en 24 mois, ce qui, en comptant les ingénieurs et agents, donne à peine un peu plus de 1,2 pour 100 de déchet par 12 mois de travaux. C'est un minimum qui n'a pas toujours été atteint en France et peut-être jamais en Algérie (1).

Cette expérience nous paraît suffisante pour démontrer que la main-d'œuvre européenne peut être employée sous les tropiques, pourvu que les conditions d'administration et d'hygiène auxquelles sont soumis les ouvriers soient bonnes, bien étudiées, et leur travail restreint aux limites de temps et de saison que le climat comporte. On peut tout y faire comme ailleurs à condition que tout soit prévu, toute installation prête à l'avance

(1) On peut ajouter : encore moins à Panama.

21.

par les soins du personnel dirigeant, etc. » (1).

Voici maintenant ce que vaut cette main-d'œuvre européenne par comparaison avec celle des noirs.

« L'expérience faite pendant la construction du chemin de fer de Dakar à Saint-Louis a permis de reconnaître que trois ouvriers maçons indigènes ne produisent pas plus qu'un maçon européen.

Les noirs ne peuvent rendre quelques services comme terrassiers qu'à la condition d'être encadrés avec des Européens; malgré cela le noir ne produit pas le tiers du travail d'un Européen » (2).

Une autre opinion autorisée est venue depuis s'ajouter à celles-là. C'est celle du colonel Archinard.

Dans une note adressée en 1889 à M. Béchet, qui venait de mener à bien une importante expérience de culture au village de Kita, le colonel Archinard déclare qu'il est désormais établi que l'Européen peut travailler au Soudan.

Enfin, des tentatives de colonisation européenne ont été faites pendant trois années de suite (1886-87-88) dans le Haut-Fleuve. Ces tentatives

(1) *Sénégal et Soudan. Travaux publics et chemins de fer.* Par le commandant Bois, 1886.

(2) M. Blondelet, directeur des travaux du chemin de fer de Dakar à Saint-Louis.

ont donné des résultats satisfaisants et pouvaient en donner davantage si on avait su les poursuivre et les rendre plus fécondes. Les éléments en avaient été choisis parmi quelques ouvriers de France à qui leur existence de plus en plus précaire avait donné le désir de s'expatrier. Ces hommes, en très petit nombre d'ailleurs (1), avaient été répartis dans les principaux postes du Haut-Fleuve et y exerçaient, sous la tutelle des commandants, leurs professions de maçons, menuisiers, mécaniciens ou autres.

Le dédain affecté pour cette catégorie de colons, le découragement qu'ils en ont ressenti, le rapatriement volontaire ou forcé, ont mis fin à ces tentatives qui, je le répète, méritaient d'être encouragées.

Malgré tout, il faudra donc ne compter que sur l'élément noir pendant longtemps, à l'exclusion d'un élément européen susceptible de le diriger sur place. Cette initiative, laissée à des gens qui n'en ont pas, rendrait la tâche d'adaptation presque impossible si on ne prenait le parti d'employer une série de mesures pour la réaliser.

Parmi ces mesures, la première qui s'impose à

____

(1) 3 la première année, 10 la seconde et 10 la troisième.

notre attention est celle qui se rapporte aux écoles.

Dans un pays où la langue écrite n'existe pas, sauf l'arabe qui n'est qu'une langue d'importation, la préoccupation immédiate de l'administration locale doit être d'apprendre aux noirs à parler et à écrire en français. Il est triste de constater que le commerce a si peu protesté jusqu'à ce jour contre une telle absence d'assimilation que la majeure partie de nos traitants, de Saint-Louis au Niger, tiennent leurs comptes en arabe. C'est, d'ailleurs, le contraire qui a lieu sur les territoires anglais où la première condition pour être attaché à un comptoir commercial est de parler et d'écrire en anglais.

Je n'insisterai même pas sur la rareté des écoles du littoral sénégalais, où, en revanche, les écoles musulmanes foisonnent.

Mais, puisque désormais nous transportons l'expérience de colonisation sur un champ plus étendu et plus neuf, où les groupes de population sont loin d'offrir la cohésion qu'ils nous présentent dans les villes du littoral, pourquoi ne pas faire dès à présent tous les sacrifices nécessaires pour une sérieuse organisation scolaire (1)?

(1) Il y avait six écoles au Soudan à la fin de 1888. Deux ont été supprimées en 1889. Il n'est resté à cette date que celles de Bakel, Kayes, Bammakou et Siguiri, comptant chacune vingt élèves,

Des écoles ouvertes dans les villages sur les bases de celles qui existent déjà ne coûteraient pas cher. On peut évaluer à 7 ou 8,000 francs la dépense annuelle maxima pour chacune d'elles. Encore ce chiffre suppose-t-il une installation presque luxueuse (1).

Au début, l'impossibilité d'avoir des instituteurs brevetés oblige à recourir à des éléments étrangers à la pédagogie. On les choisit parmi des sous-officiers et caporaux européens ou indigènes, toujours parfaitement aptes à réaliser un programme d'enseignement comme celui qu'on a l'intention d'appliquer aux noirs. Il est certain que ces derniers sont capables, à un moment donné, de fournir d'excellents auxiliaires, soit qu'après quelques années scolaires on les envoie fortifier leur modeste savoir dans une école de Saint-Louis ou de Dakar; soit qu'on se borne à les employer comme surveillants, en faisant venir de France des instituteurs congréganistes (1) dont la bonne volonté

(1) A ceux que ce mot peut inquiéter, nous pouvons dire que les Pères des Missions d'Afrique, établis avec succès à Kita, se sont interdits toute propagande religieuse.

(2) En 1890, les *quatre* écoles du Soudan ont coûté 39,000 fr. dont 35,000 francs donnés par l'État et 4,000 francs donnés par l'Alliance française. Ce chiffre est beaucoup trop élevé.

ne s'effraierait pas d'un séjour au Soudan.

Dût-on se trouver dans la nécessité d'augmenter les sacrifices pécuniaires pour assurer le bon fonctionnement de ces écoles (1), le seul chiffre des impôts prélevés sur place y répondrait amplement sans y être absorbé. Le colonel Archinard a déclaré lui-même qu'il avait perçu soixante mille francs d'impôts en 1890, deux cent trente mille en 1891, et qu'avant peu de temps le Soudan pourrait donner trois millions d'impôts.

Donc, si on appliquait une partie des sommes perçues jusqu'à ce jour à la création de nouvelles écoles et si on poursuivait la multiplication de celles-ci jusqu'à concurrence d'un chiffre de dépenses évalué à 500,000 francs, on conçoit bien vite l'importance qui en résulterait pour la colonisation de notre Soudan, du moins dans la partie qui nous est définitivement acquise.

D'ailleurs, les écoliers noirs pourraient y être stimulés au même titre que ceux des écoles de la métropole. On peut être certain que les livrets scolaires, accordés en manière de récompenses, auraient là-bas une toute autre importance que

---

(1) En 1890, le Conseil général de Saint-Louis a réduit de moitié la somme de 10,000 francs qu'il donnait pour les écoles.

dans nos milieux européens. Que ces livrets fussent accompagnés d'argent ou de dons en nature, ils auraient sur les familles noires une influence qu'on ne soupçonne pas ; surtout dans le monde musulman où l'écolier mendie littéralement pour payer son maître d'école.

L'administration et le commerce auraient, d'autre part, intérêt à ne plus recruter leur personnel indigène que parmi ceux qui auraient suivi nos écoles françaises ; et comme le noir, ainsi que bien d'autres Européens d'ailleurs, est l'être le plus désireux du monde d'obtenir ce qu'on appelle un emploi, la condition expresse de sortir d'une de nos écoles pour en obtenir un amènerait une émulation aussi profitable à l'élément européen qu'à l'élément indigène.

Il va de soi que les écoliers, affranchis de toute servitude par le fait seul de leur passage dans nos écoles, auraient toute latitude de choisir entre le régime indigène et le régime français. Ce serait à nous à profiter de leurs dispositions pour en faire des auxiliaires de notre colonisation.

Ces dispositions seraient aisément entretenues par des écoles professionnelles et des fermes-écoles. Les premières formeraient des ouvriers dont manque totalement notre Soudan. Sans la compagnie d'artillerie qui pourvoit aux besoins de chaque campagne, on serait fort embarrassé de trouver un clou de Bakel au Niger.

Les secondes apprendraient aux noirs à cultiver. Certes, ils ne sont pas ignorants de culture, puisqu'ils en vivent. Mais que de choses à leur enseigner !

Les noirs se bornent à gratter la terre, à semer, à récolter et à consommer. Ils n'imaginent pas que la culture est une source de richesses. Quant à ce qui pousse naturellement, ils se contentent de le ramasser, comme le karité, le caoutchouc, le café, le tabac, ainsi que bien d'autres produits. Tout au plus font-ils exception pour le coton qu'ils cultivent en quantité suffisante pour les nécessités de leur habillement. Si, cependant, on leur démontre qu'avec un peu plus de travail ils peuvent convertir en argent ou en marchandises d'échanges un excédent de production, ils savent faire violence à leurs habitudes pour le profit qu'ils auront à recueillir.

C'est ce qu'il importe de leur apprendre par d'incessants exemples dont leurs enfants peuvent être les premiers instruments. M. Béchet, un de nos compatriotes qui représente actuellement au Niger un syndicat commercial français, a prouvé que la ferme-école n'était pas une illusion. Ses deux essais au pays de Kita sont concluants. Il a édifié ses fermes au milieu de chaque village, dont les habitants travaillent sous sa direction. Il a déterminé la nomenclature des semences, fixé l'emploi des moyens et enseigné l'usage de la charrue. Qu'on se rappelle ces deux tentatives intelligentes. C'est d'elles que partira peut-être la régénération agricole du Soudan français. Tout cela a pourtant été réalisé avec des sommes insignifiantes, dont le gouvernement a donné une part et dont M. Béchet a donné l'autre. Mais que désirait l'auteur de ce double essai? Nous prouver qu'en pays noir, aussi bien et mieux qu'ailleurs, on peut organiser le travail et le rendre infiniment profitable.

L'école, l'atelier, la ferme! Voilà les trois bases de l'éducation soudanaise qui sollicitent nos sacrifices. Nous devons apprendre aux enfants noirs à parler, à écrire notre langue. Nous devons trouver parmi eux, avec le concours d'écoles professionnelles, les instituteurs, les ouvriers d'art, les agriculteurs dont notre Soudan français a besoin. Nous agirons sagement, prudemment, en prodiguant un peu moins les bienfaits de notre instruction à des fils de chefs qui ne n'en profiteront pas, et en la donnant davantage à des enfants de malheureux qui travailleront toujours. Nous avons intérêt à grandir les seconds en face des premiers.

Mais, nous ne devons pas oublier, lorsque nous recherchons les moyens de coloniser le Soudan occidental, qu'il s'agit d'une région où tout est à créer et où les moyens les plus simples sont d'abord les meilleurs. Nous ne devons pas davantage oublier que l'Afrique ne sera sauvée que par l'agriculture. Notre morale, qui doit précéder notre intérêt, ne saurait trouver un point d'appui meilleur que celui-là ; car il est le plus conforme au tempérament des noirs et c'est lui qui répond le mieux aux nécessités immédiates de leur existence. Il est effroyable de songer que les noirs n'ont pas toujours de quoi manger, parce qu'ils manquent de prévoyance, parce qu'on les pille lorsqu'ils emmagasinent, parce que la propriété n'existe chez eux qu'à l'état d'exception. De sorte que toute tutelle, de quelque manière qu'on la leur impose, à la condition qu'elle soit libérale, leur sera toujours utile.

Depuis une dizaine d'années, les commandants de quelques-uns de nos postes se sont efforcés, dans la mesure de leurs moyens, de faire faire un peu de culture maraîchère pour et par leurs effectifs. Les uns ont réussi au point de pouvoir alimenter de légumes frais les troupes européennes sous leurs ordres ou celles de passage, les autres ont échoué pour des raisons locales sur lesquelles il est inutile d'insister. Il n'en est pas moins prouvé que ce genre de culture peut rendre de grands services aux endroits où il est praticable; et on est fondé à se demander s'il n'y aurait pas lieu de lui donner plus d'extension pour l'instruction des noirs. L'idéal d'un poste soudanais serait son ravitaillement sur place au moyen d'un parc à bétail permanent, d'un emmagasinement méthodique des denrées produites par la grande culture et d'un approvisionnement quotidien fourni par la culture maraîchère, celle-ci représentant à la fois, sous la direction européenne, un système d'acclimatement de nos légumes et de nos fruits et un procédé d'enseignement pour les noirs.

Je sais bien que j'exprime là de graves insinuations qui ne manqueront pas de faire hausser les épaules à bon nombre de gens. De tous ceux qui passent en pays noir, les uns reviennent avec un monde de pensées dans la tête et l'irrésistible désir d'en essayer l'application. Ils ont senti que ces surfaces intermittentes de végétation et de stérilité, de population dense et d'abandon, de cours d'eau et de sécheresse, ne démontraient pas leur valeur ou la démontraient mal ; que les éléments comme les gens y avaient besoin de direction et que, d'un pays dont la nature est aussi incohérente que son état social, on peut faire quelque chose. Ceux-là sont dans la vérité. Les autres ont gardé de leurs déceptions et de leurs fatigues, des privations de leur estomac et de l'hypocondrie de l'isolement des amertumes avec lesquelles il est préférable de ne pas discuter ; car si on écoutait leurs discours on abandonnerait l'Afrique, ou on n'en ferait qu'un champ de bataille pour les désœuvrés jusqu'à ce qu'il ne restât pas un seul membre vivant de la race noire.

Je préfère l'éloquente énergie des premiers qui ont édifié des bâtiments d'habitation, ouvert des routes, jeté des ponts sur les cours d'eau, comblé des marigots malsains, ouvert des marchés, créé des écoles, groupé des populations.

L'Afrique est à conquérir économiquement, et sa race est à vaincre pacifiquement. L'Afrique n'existera que par les types qui l'habitent ou elle sera le foyer des éternelles duperies.

Donc, il faut rendre l'Afrique accessible par une adaptation successive des moyens économiques dont elle manque et qui lui sont indispensables ; et faire de ses habitants les instruments reconnaissants de ces moyens par une éducation progressive appuyée sur leurs besoins, leurs aptitudes et leurs tendances.

De ces tendances, il en est une assez commune à toutes les populations africaines. C'est celle qui les rend aptes à être des soldats.

Fellahs, Gallas, Massaï, Askiris Zanzibarites, Zoulous, Pahouins, Sénégalais, tous ont à des degrés divers l'amour de la guerre, soit parce qu'ils ont le goût de la rapine, soit parce que la bataille développe en eux des sentiments communs à tous les peuples primitifs dont la défense est une nécessité incessante.

La nouvelle loi sur l'armée coloniale va permettre un recrutement indigène plus considérable que celui pratiqué jusqu'à ce jour. Ce serait le cas d'utiliser les contingents africains dans des conditions bien différentes de celles qu'on entrevoit tout d'abord.

Je ne sais sur quelle expérience s'appuie le préjugé assez généralement répandu que les noirs ne doivent pas être enlevés à leur pays parce qu'ils sont rebelles à l'expatriation et refuseraient le service militaire s'ils se savaient dans l'obligation.

même éventuelle, de l'accomplir hors de chez eux.

Je pense, au contraire, qu'il serait on ne peut plus facile, en même temps qu'utile, de prendre annuellement dans nos troupes indigènes du Soudan un certain nombre d'hommes qui seraient affectés aux portions centrales d'infanterie de marine du midi de la France ou même à quelques régiments d'Algérie et de Tunisie. Cette manière de dépayser des jeunes gens qui ne savent et ne sauront de longtemps ni notre langue ni nos mœurs pourrait avoir des résultats sur lesquels il est à peine besoin d'insister. La vie commune, pendant deux ou trois ans, avec des troupes européennes; l'impression de nos mœurs ressentie directement; les écoles régimentaires et l'émulation qui en serait la conséquence pour ces jeunes soldats si on leur laissait entrevoir une forme de récompense dont je vais dire quelques mots; tout cela constituerait un moyen d'assimilation simple et pratique. Entre temps, rien n'empêcherait, à certaines époques de l'année, de mettre à la disposition de nos agriculteurs quelques-uns de ces hommes qui, tout en rendant des services qu'on ne repousserait pas, apprendraient bien des choses qu'ils ignorent.

Quant à la récompense dont je veux parler, elle

consisterait à faire des gradés, une fois de retour au Soudan, de véritables gendarmes (1) pourvus d'attributions plus intéressantes que celles de leurs collègues d'Europe. Dans chaque village soudanais, une brigade de ces gendarmes, soldats libérés ayant tous vu la France, relativement instruits et conséquemment supérieurs à leurs compatriotes, imprégnés de nos idées et de nos sympathies, aurait pour mission de faire respecter les clauses du protectorat français, d'entretenir des rapports constants avec nos commandants de cercles, de présider au recensement, d'enregistrer les naissances et les décès, de veiller au bon fonctionnement des écoles, de prévoir et d'assurer l'entretien des routes, de signaler les difficultés, d'en appeler à l'arbitrage de nos résidents, etc.

Quelques centaines de ces gendarmes nous dispenseraient bientôt d'entretenir des bataillons de tirailleurs et rendraient à la cause de la civilisation d'inappréciables services.

Rien ne serait plus utile en pays noir que la multiplicité des mandataires. A défaut de l'élément blanc, un élément noir préparé remplirait tout aussi bien le but. Le noir fait plus qu'accepter les

(1) Ce serait, en mieux, les anciens talibés reconstitués à notre profit.

supériorités d'où qu'elles viennent. Il les sollicite, il en a besoin comme tous les timides et les impuissants. Mais, il importe de le bien pénétrer qu'en nous occupant de ses intérêts, les nouvelles obligations que nous exigeons de lui sont également pour le bien de ses intérêts; que ces obligations sont communes à tous et que le souci de les remplir doit être constamment présent à son esprit. C'est ainsi qu'insensiblement il ira de lui-même au devant de l'impôt, du recrutement, des travaux publics et de l'école. C'est alors que, d'autre part, l'initiative européenne trouvera un champ de mieux en mieux préparé pour ses expériences et que le sentiment individuel, l'emportant finalement sur la tutelle dissolvante que favorise l'esclavage, amènera la concurrence intellectuelle et l'activité sociale.

LES COMPAGNIES COLONIALES

Dans l'énumération des moyens auxquels on s'arrête le plus volontiers pour la conquête africaine, il en est un qui, depuis quelque temps, semble résumer à lui seul toutes les opinions. Il s'agit des compagnies de colonisation.

Ce genre de combinaison a été jadis pratiqué pour toutes nos colonies. Il faut se hâter de dire qu'il l'a été sans succès, sauf pour le Sénégal. Or, cette colonie, prise dans l'acception de Soudan français, est précisément la seule où une compagnie de colonisation soit aujourd'hui impossible.

Il convient tout d'abord de ne pas considérer l'intérêt exclusif des associations commerciales européennes qui prétendent monopoliser les affaires sur des territoires déterminés. Cet intérêt, auquel on a le droit et même le devoir de se montrer sensible, est trop en désaccord avec celui des indigènes pour qu'on puisse le considérer comme le dernier mot de la conquête morale. On oublie ou on ignore que la possibilité de réaliser des bénéfices qui varient de cent à deux cents pour cent n'est pas pour inviter à la transformation d'un état de choses qui ramènera les proportions à des chiffres infiniment moindres. Les populations sauront quelque jour à quoi s'en tenir sur l'exacte valeur des marchandises de pacotille qui sont le plus souvent la base de nos transactions. Du moins, il est indispensable qu'elles soient édifiées sur ce sujet. Il suffira pour cela qu'on poursuive à leur égard le système d'éducation intellectuelle auquel elles ont droit. Leur esprit ouvert aux curiosités que nous leur susciterons saura se rendre compte, par la similitude des besoins, de la différence qu'on prétend leur imposer dans les moyens de les satisfaire. Les espérances très séduisantes que peut concevoir une compagnie commerciale sont donc sujettes à restrictions en raison même des progrès que fera sa clientèle indigène dans la civilisation; ou bien la compagnie commerciale en question, pressentant cette conclusion désastreuse, fera tous ses efforts pour la retarder. Que sera-ce donc si on livre à l'une d'elles le sort d'une population?

Telle est l'objection générale qu'on peut opposer à ce qu'on est convenu d'appeler les grandes compagnies de colonisation. Nous serions heureux qu'on ne la repoussât pas, si elle doit l'être, sans l'avoir mûrement étudiée.

Les compagnies de colonisation sont des œuvres d'affaires, dignes de tous les encouragements; mais à la condition qu'elles réservent la part de la colonisation et ne la sacrifient point. Justifiant l'esprit de leur raison sociale, elles ne pourraient que gagner la reconnaissance des uns et des autres. En sera-t-il ainsi dans cette interversion de l'ordre des facteurs où l'État veut livrer sa place à des initiateurs privés? N'eût-il pas été préférable que, tout en encourageant dans la plus grande mesure les entreprises des particuliers, l'État conservât sa tutelle directe et active sur des populations qui ont tout à apprendre et qu'une trop brusque subordination à de nouveaux pouvoirs peut jeter dans de nouveaux troubles?

Quelle considération doit prévaloir dans la circonstance sinon celle des seuls indigènes? En quoi les destinées de ceux-ci sont-elles garanties par les immunités qu'on accordera à des particuliers?

Ces particuliers feront grand, dit-on, avec des ressources dont leur intérêt leur commandera de récupérer la dépense, au prix d'efforts dont bénéficieront les populations locales. Mais ces efforts peuvent ne porter que sur des choses d'ordre exclusivement commercial; et c'est ce qui m'a fait dire plus haut que le Sénégal et plus généralement le Soudan français ne sauraient être livrés à une compagnie de colonisation.

Ici, la vitalité ne reprendra que par l'agriculture; les groupements sous nos mains, la cohésion des intérêts, la discipline des esprits, la malléabilité des caractères, ne se réaliseront que par l'agriculture et un ensemble de travaux et de dispositions qui, eux-mêmes, bouleverseront les lois commerciales suivies jusqu'à ce jour dans ce pays où le premier capital est encore l'esclave!

Une compagnie commerciale est-elle en état de s'assujettir à cette évidence, dont la démonstration en ce qui concerne la France commence au Sahara pour ne point finir au Congo?

Telle est la question qui s'impose à la prudence de ceux qui mettent au-dessus d'un intérêt commercial fort intéressant la régénération plus intéressante encore des populations noires.

Sans prendre exemple systématiquement sur ce

que font les étrangers, un moyen s'offre à nous d'expérimenter l'initiative privée en pays noir. Ce moyen me paraît à la fois plus simple et plus concluant et je vais essayer de le faire comprendre.

Les questions coloniales ont fait de tels progrès en France depuis trois ou quatre ans qu'elles ont pris place dans toutes les délibérations économiques et qu'il est impossible de discuter les affaires du pays sans faire allusion à nos intérêts coloniaux. Les pouvoirs parlementaires, les chambres de commerce, les sociétés de géographie, la presse et les comités privés rivalisent de zèle, sinon d'entente, à démontrer l'urgence d'une politique coloniale bien entendue; à expliquer la nécessité, pour notre avenir national, de nous occuper de nos possessions lointaines autrement que nous l'avons fait jusqu'à présent.

Avec une spontanéité bien significative et qui peut donner à réfléchir aux adversaires de la colonisation, quelques-uns de nos compatriotes, dont la défiance avait jusqu'alors égalé l'inertie, se sont groupés dans le but de mettre en pratique les nouvelles idées en discussion. Sur leur initiative, des tentatives ont été faites presque simultanément en Asie et en Afrique; et, dès le début, un succès inespéré a couronné leur audace. Pour ne parler que de ce qui a été fait en Afrique, l'action commerciale entreprise au Soudan français vient d'acquérir, à deux ans de distance, des proportions qui justifient désormais sa raison d'être, avec tous les sacrifices qu'elle sollicitera. Pourtant, les choses se sont passées bien simplement et sans bruit. Des hommes se sont réunis, je le répète, mettant en commun des petits capitaux et des petits espoirs, avec la pensée d'amorcer commercialement des régions dont la carte était à peine établie. Pour eux et en leur nom, des agents accrédités sont allés, en manière de colporteurs, offrir des marchandises à des populations sans besoins apparents, dont le principal élément de transaction était l'esclave; et voilà que ces populations ont accueilli avec enthousiasme ce qu'on leur offrait, apportant, en échange, des produits locaux qui sont un témoignage de travail et de prévoyance. Des comptoirs ont été établis, qui sont autant de marchés désormais connus, autour desquels gravitent les courtiers du pays, apportant constamment des commandes qui n'ont que l'inconvénient de dépasser les offres. Des besoins se sont révélés qui contredisent les idées admises; et le réseau commercial à l'état d'ébauche est en passe de devenir un débouché immense.

Or, cette tentative si heureusement accomplie n'est pas sans avoir eu des résultats accessoires très intéressants. L'usage des voitures a d'abord été introduit; et il est curieux de constater comme l'emploi de ce véhicule a été reconnu réalisable dans un pays où les moyens de transports se bornaient généralement aux épaules des captifs, parfois mais rarement à des bœufs; où les routes n'existent qu'à l'état rudimentaire et où il semblait impossible qu'on pût faire rouler le moindre chariot. Jamais démonstration n'aura été faite avec tant d'éloquence et plus rapidement. Quelle doit être, cependant, la conséquence d'un roulage permanent et reconnu indispensable par les populations qui sont destinées à bénéficier du nouveau mouvement commercial? la création et l'entretien de routes. C'est là un premier point établi, qui suffirait à lui seul pour déterminer une révolution économique.

Mais, les distances à parcourir entre deux centres importants de population étant parfois fort longues, il en résulte des difficultés d'approvisionnement commercial pour les habitants ainsi espacés les uns des autres et l'utilité de créer des centres intermédiaires où pourraient être emmagasinées des marchandises et où se trouveraient en même temps des éléments de ravitaillement.

Les marchandises seraient apportées ; les vivres seraient recueillis sur place. Mais, pour produire les vivres, il faut naturellement des habitants. C'est alors qu'on s'est avisé d'en attirer quelques-uns, de leur donner du bétail, de la terre et des graines, voire même des charrues, avec la manière de s'en servir, et qu'avec la production ainsi acquise on subvient aux besoins de la circulation.

Le groupement des populations et l'entretien des relations entre elles par l'intérêt commercial ; l'utilité démontrée de certains travaux publics à exécuter, en attendant la nécessité prochaine et non moins démontrée d'installer des fabriques pour certains produits dont la trituration sur place sera plus opportune que leur transport en France à l'état brut, voilà qui constitue déjà un très intéressant programme, et on se demande ce que pourrait bien faire de plus une compagnie de colonisation avec charte et tous les ingrédients officiels qui l'accompagneront.

Entre une entreprise issue d'un décret gouvernemental et une initiative restreinte à quelques bonnes volontés indépendantes qui, à leurs risques et périls, vont au devant de ce qu'il y a de meilleur dans la colonisation, je n'hésiterais pas, pour

ma part, à donner la préférence à la dernière.
Celle-ci, du moins, justifie ses intentions par des
témoignages successifs. Elle se soumet à une sorte
de stage qui permet d'évaluer le degré de confiance
qu'on peut avoir en elle, et rien n'empêche de lui
prouver cette confiance par des concessions réciproques, de s'associer progressivement à ses manifestations en les lui facilitant pour le bien du
pays où elles s'exercent. A des garanties morales
justifiées, l'Etat répondrait ainsi par des encouragements ; et les intéressés ne se plaindraient certainement pas d'un excès de prudence aussi profitable aux colonisateurs qu'aux populations livrées
à leurs expériences.

CONCLUSIONS

Il n'est pas superflu de se demander si l'Afrique, ce vieux continent classique et qui motive aujourd'hui des curiosités que n'a jamais soulevées le nouveau monde, n'exige pas des mesures de préservation aussi indispensables aux Européens qu'aux populations conquises.

Ici l'expérience emprunte à la généralité de ceux qui la pratiquent, ainsi qu'aux régions qui sont l'objet de cette expérience, un caractère plus intéressant qu'avec l'Amérique, où un rameau de la race latine, seul, eut tout d'abord la responsabilité de la conquête, avec quatre siècles de progrès en moins.

Les conquérants d'aujourd'hui, qui obéissent

exclusivement à des considérations d'ordre économique, ont eu pour les précéder deux siècles de
théories libérales et de philanthropie anti-esclavagiste. Leur analyse du continent noir n'a été, jusqu'à ce jour, qu'une suite de dispositions préventives avec les populations indigènes pour moyen.
Malheur à ceux qui oublieront cela !

La famille noire est suffisamment appauvrie,
impuissante et clairsemée. Pourtant, l'Européen
ne peut rien faire sans elle et les engagements de
son passé, comme ceux qu'il prenait hier encore
lui font un impérieux devoir de la protéger. Il doit
le faire pour l'honneur de l'humanité, pour qu'on
ne puisse pas dire plus tard que la critique du
dix-neuvième siècle, fille de la philosophie du
dix-huitième, n'a été que mensongère selon la
raison sociale et stérile selon la science. Il doit le
faire s'il ne veut pas que le continent noir ne soit
qu'une terre de désolation, dont les rigueurs cli-
matériques repoussent sa main-d'œuvre, et qui
n'aura de bienfaits que pour ceux qui sauront les
gagner, en sollicitant les populations d'avoir à les
partager.

La question sociale est aussi vibrante en pays
noir qu'en terre d'Europe, avec cette différence
qu'ici les intéressés la raisonnent, ce qui est un

premier moyen de la résoudre ; et que là-bas les intéressés ne la soupçonnent pas, ce qui les met en état de terrible infériorité devant l'arbitraire, car ils le sont déjà devant le préjugé.

Aussi bien, jamais la conquête d'un peuple n'aura été aussi indissolublement liée à la conquête d'un pays ; car, avant même qu'il ne fût question des richesses de celui-ci, le sort de ses populations tenait une place bruyante dans les *desiderata* internationaux. La pénétration méthodique de l'Afrique, si bien conçue par l'Angleterre et poursuivie par des explorateurs de toutes les nations, n'a pas eu d'autre prétexte. De sorte qu'on peut dire du continent africain qu'il a d'abord été conquis pour ses habitants, pour leur salut, pour leur régénération. La création de l'état libre du Congo n'a pas eu d'autre objet ; et la conférence anti-esclavagiste de Bruxelles, quoique dénaturée par ses auteurs, est une confirmation des doctrines qui ont précédé la prise de possession de l'Afrique.

Quand fut formée la société anti-esclavagiste anglaise de 1840, il y eut un point sur lequel tous les membres de cette société s'entendirent. C'était le droit exclusif du gouvernement de traiter avec les chefs noirs et de se faire concéder des terrains, pour introduire ensuite le christianisme. Donc, c'était la conquête d'abord et la civilisation ensuite (1).

L'anti-esclavagisme ! Voilà un mot qui risque fort de tomber en désuétude avant la disparition de l'esclavage. La patience européenne ira-t-elle jusqu'à savoir concilier la brutalité des intérêts immédiats avec les devoirs à remplir pour amener les populations noires à être les auxiliaires de ces mêmes intérêts ? C'est là qu'est le problème ! Lorsque les Arabes de Mascate vinrent dans l'est africain, ils furent d'abord agriculteurs, puis marchands, puis trafiquants d'ivoire et enfin chasseurs d'esclaves pour transporter celui-ci. Mais il fut un temps où les Européens, de leur côté, faisaient pire que les Arabes, puisque n'étant ni agriculteurs, ni trafiquants d'ivoire, ils profitaient dans leurs colonies de la chasse à l'esclave en pays africain. « Si les blancs ne venaient pas chercher des esclaves, les guerres qui, neuf fois sur dix, ont pour cause le commerce d'esclaves, diminueraient », a écrit le professeur Smith, qui fut un des compagnons du capitaine Tuckey dans son expédition au Congo, en 1816. Tout cela est d'hier. Les

______

(1) *De la traite des esclaves en Afrique et des moyens d'y remédier.* Par sir Thomas Fowell Buxton.

Européens d'aujourd'hui, qui ont autant à réparer pour eux-mêmes que pour les autres, sauront-ils innover un régime conforme au bien des noirs en même temps qu'aux exigences économiques d'un pays où il n'y a ni organisation, ni routes, ni véhicules suffisants ? Ce dilemme, assurément grave dans sa simplicité, implique tout autant une question de vie ou de mort pour les populations africaines que pour ceux qui prétendent diriger leurs destinées. Si les premières sont victimes de la précipitation des intérêts et restent les instruments méprisés d'une race dirigeante qui les emploiera sans discernement et sans souci de l'avenir, leur servitude ne fera que changer de nature et leur dégénérescence ira s'accentuant jusqu'à leur extinction. Si les seconds ne comprennent pas l'absolue nécessité d'un greffage intellectuel propre à faire des noirs des auxiliaires conscients et intéressés, leur sort n'ira qu'en périclitant proportionnellement à l'impuissance et à la disparition de ces derniers. Ce que n'aura pu réaliser la chasse à l'homme, l'abandon, la misère et la servitude déguisée du noir le réaliseront. Les conquérants resteront seuls en face d'un désert et de leurs consciences.

Devoirs moraux, obligations économiques! C'est

à ces deux termes que doit se résumer le programme des africanistes.

Les obligations économiques se rapportent à la nécessité de conserver précieusement les peuples noirs et d'encourager leur développement par la paix.

Les devoirs moraux comprennent toutes les dispositions qui auront pour objet d'élever les peuples noirs au sentiment de l'individualisme et de la liberté; de leur inculquer le sens moral et de les rendre accessibles aux grandes choses.

Ce programme se résoudra par le travail et l'éducation.

Si les nations civilisées mettent quelque amour-propre à témoigner que leurs théories négrophiles du passé ne leur étaient dictées que par la sincérité, elles s'attacheront à poursuivre l'affranchissement relatif des noirs, c'est-à-dire à les protéger contre l'abominable trafic dont ils sont victimes, car il est la cause primordiale de leur infériorité, la raison péremptoire de l'impuissance économique africaine.

En 1807, Bryan Edwards, bien connu pour avoir été un des plus effrontés marchands d'esclaves de l'époque, prononçait cyniquement les paroles sui-

vantes devant l'Assemblée de la Jamaïque, en parlant du continent africain :

« La totalité ou du moins la plus grande partie
de ce vaste continent est un champ de guerre et
de désolation ; un désert, dont les habitants sont
les uns pour les autres des loups affamés de car-
nage. »

Cette appréciation du vieux trafiquant de chair
humaine est à peu de chose près tout aussi justifiée aujourd'hui qu'elle l'était alors. Ce qu'il ne
disait pas, c'est que cet état de choses était dû
exclusivement, comme il l'est encore, à la traite,
ou plutôt à la chasse à l'homme. Bryan affectait
de prendre l'effet pour la cause et prétendait démontrer que, dans de pareilles conditions, l'esclavage était un bienfait pour les noirs.

Thomas Fowell Buxton, que j'ai déjà cité, com-
mentait d'une autre manière la déclaration de
Bryan. « La traite, disait-il, anéantit tout autre
commerce ; elle entretient une inquiétude permanente, elle allume d'éternelles guerres, elle proscrit l'industrie, la science, les améliorations
sociales, etc. » Plus loin, il ajoutait qu'elle était la
cause du despotisme et que l'agriculture n'y trouvait que du découragement.

Ces réflexions sont demeurées profondément

vraies. Dussé-je même être accusé d'exagération, je dirai que les sentiments qui les motivaient avaient été jusqu'à être partagés dans leur justesse par bon nombre de chefs africains. Ils le sont encore.

Déjà, en 1823 et 1824, Denham et Clapperton notaient que beaucoup de chefs du Sokoto et du Bornou leur avaient exprimé le désir de voir disparaître la traite à la condition qu'on les y aidât.

Outre qu'il est très simple d'aider les chefs disposés à voir disparaître la traite, il est d'autant plus facile de la réprimer avec leur concours.

C'est donc sur ce premier point qu'il importe d'abord de résoudre la question de l'esclavage.

Les guerres disparaissant, c'est la confiance qui renaîtra, en même temps que les villages se repeupleront ; c'est l'agriculture qui reprendra avec le sentiment de la prévoyance et de la conservation ; c'est la facilité dans les transactions ; l'accueil aux Européens et la latitude laissée à ces derniers de préparer leur influence et d'innover un régime civilisateur.

J'ai dit, à propos du Soudan français, en quoi pourrait consister ce régime. Il est applicable partout, ce qui ne veut pas dire qu'il trouvera partout les mêmes hommes pour le tenter. Pourtant, les Allemands, ou du moins ceux des leurs qui ont été jusqu'à ce jour les grands initiateurs de la colonisation dans l'Est africain, ont exprimé leur admiration pour les bienfaits répandus par nos missionnaires. Bagamoyo les a surpris ; les établissements de l'intérieur leur ont fait dire qu'il n'y avait pas de meilleure formule de civilisation (1). Il serait étrange que les Allemands ne tinssent pas compte de cette expérience. S'ils n'en profitaient pas, ils compromettraient pendant longtemps leur colonisation, surtout dans l'Est où les éléments de discorde s'augmentent de l'instinct batailleur des populations.

S'il faut s'en rapporter, d'autre part, aux allégations anglaises, les colonies britanniques du Sud africain seraient des foyers de paix et de progrès. S'il n'en est pas exactement ainsi, cela pourrait être. Les Anglais, plus hâtifs à rendre fructueuse l'occupation d'un pays, sont gens à ménager les indigènes pour essayer de s'en servir. Bien plus, ils ont intérêt, au contact des Portugais, des Boërs et des Cafres insoumis, à ne rien faire qui puisse encourager des alliances désastreuses pour eux. Tout au contraire, on peut s'attendre, de ce côté,

____

(1) Major von Wissmann et docteur Peters,

à des accès de libéralisme qui, grâce à des fusions
bien amenées, feront plus pour le salut et la pros-
périté du Sud africain que des mesures administratives exclusives. Autant de pays, autant de systèmes! C'est une devise anglaise que nous pourrions imiter, avec la faculté d'en profiter davantage; car nous aurons toujours sur nos voisins la
supériorité de notre générosité native, avec des
élans séduisants.

Quoi qu'il en soit et à n'examiner que superfi-
ciellement les perspectives de la colonisation
africaine, tant au point de vue de l'éducation des
noirs que de leur nationalisation individuelle, on
ne répétera jamais assez que la paix est indispensable à l'Afrique. C'est le seul point de départ sur
lequel puisse s'appuyer l'espoir d'une transformation radicale du tempérament et des idées.

Enfin et de même que l'histoire n'absoudra
jamais le vieux monde d'avoir anéanti des races du
nouveau, sous prétexte de justifier cette parole
inepte que les espèces doivent se tuer pour se
substituer les unes aux autres, la seule excuse
que nous réserve l'avenir de nous être imposés
violemment sur la terre des noirs est dans la vie
que nous leur laisserons et dans la liberté que nous
leur apprendrons.

La France a sa grande part à prendre dans cette expérience.

Depuis quelques années, le sentiment colonial s'est réveillé chez elle, autant sous l'impulsion des actes gouvernementaux que par nécessité économique. La Tunisie, Madagascar, le Tonkin, ont été les grands facteurs qui ont mis en jeu l'amour-propre national. L'analyse ultérieure des besoins à prévoir et des fruits à recueillir a fait le reste. L'esprit de continentalisme commercial légué à la France par le premier empire s'est dissipé pour faire place à des tendances d'expansion extérieure où notre industrie ne fait que reprendre ce qu'un siècle d'intermittence lui avait fait abandonner. « Ce peuple, qui est le plus casanier et le plus routinier de tous, quand on l'abandonne à lui-même, a dit de Tocqueville en parlant de nous, est toujours prêt, lorsqu'une fois on l'a arraché malgré lui à son logis et à ses habitudes, à pousser jusqu'au bout du monde et à tout oser » (1).

Pourtant, ces transformations des habitudes d'un peuple ne s'effectuent pas du jour au lendemain. C'est au gouvernement à les favoriser par un libéralisme absolu en ce qui concerne les initiative

(1) *L'ancien régime et la Révolution.*

24.

coloniales. J'entends par ces initiatives non pas
tant celles dont on préconise l'exercice sous la
raison sociale de grandes compagnies, mais toutes
celles, enfin, qui, se recommandant par la simple
volonté d'entreprendre, ont besoin d'être protégées
pour être encouragées.

Laissons les mécomptes et les erreurs de l'Algérie au sentiment des réparations qu'ils pro-
voquent. L'Afrique française, revue et augmentée,
avec un nouvel esprit de méthode et un sens
économique dont la vulgarisation se répand chaque
jour davantage, pose la question coloniale en des
termes inédits par corrélation de notre race avec
la noire. Ici, l'honneur de la morale universelle
nous oblige autant que la réciprocité des intérêts
à des devoirs qui seront notre salut, comme leur
absence serait un jour notre ruine. C'est pourquoi
la raison d'Etat elle-même nous commande de les
concevoir pour nous hâter d'y obéir.

FIN

APPENDICE

ACTE GÉNÉRAL DE LA CONFÉRENCE AFRICAINE

AFRICAINE

(*1885*)

Au nom de Dieu tout-puissant,

Sa Majesté l'Empereur d'Allemagne, Roi de Prusse; Sa Majesté l'Empereur d'Autriche, Roi de Bohême, etc. et Roi apostolique de Hongrie; Sa Majesté le Roi des Belges, Sa Majesté le Roi de Danemark, Sa Majesté le Roi d'Espagne, le Président des Etats-Unis d'Amérique, le Président de la République Française, Sa Majesté la Reine du Royaume-Uni de la Grande-Bretagne et d'Irlande, Impératrice des Indes; Sa Majesté le Roi d'Italie, Sa Majesté le Roi des Pays-Bas, Grand-Duc de Luxembourg, etc.; Sa Majesté le Roi de Portugal et des Algarves, etc.; Sa Majesté l'Empereur de toutes les Russies, Sa Majesté le Roi de Suède et Norvège, etc.; et Sa Majesté l'Empereur des Ottomans,

Voulant régler, dans un esprit de bonne entente mutuelle, les conditions les plus favorables au développement du commerce et de la civilisation dans certaines régions de l'Afrique, et assurer à tous les peuples les avantages de la libre navigation sur les deux principaux fleuves africains qui se déversent dans l'Océan Atlantique; désireux, d'autre part, de prévenir les malentendus et les contestations que pourraient soulever à l'avenir les prises de possession nouvelles sur les côtes de l'Afrique, et préoccupés en même temps des moyens d'accroître le bien-être moral et matériel des populations indigènes, ont résolu, sur l'invitation qui leur a été adressée par le Gouvernement Impérial d'Allemagne d'accord avec le Gouvernement de la République Française, de réunir à cette fin une Conférence à Berlin, et ont nommé pour Leurs Plénipotentiaires, savoir :

Sa Majesté l'Empereur d'Allemagne, Roi de Prusse :

Le sieur Othon, Prince de Bismarck, Son Président du Conseil des Ministres de Prusse, Chancelier de l'Empire ;

Le sieur Paul, Comte de Hatzfeldt, son Ministre d'Etat et Secrétaire d'Etat du département A des affaires étrangères ;

Le sieur Auguste Busch, Son Conseiller Intime actuel de légation et Sous-Secrétaire d'Etat au département des Affaires étrangères ;

Et le sieur Henri de Kusserow, son conseiller intime de légation au département des Affaires étrangères ;

Sa Majesté l'empereur d'Autriche, Roi de Bohème, etc. et Roi Apostolique de Hongrie :

Le sieur Emeric, comte Széchényi, de Sarvari Felso-Vidék, Chambellan et Conseiller Intime actuel, son ambassadeur extraordinaire et plénipotentiaire près Sa Majesté l'Empereur d'Allemagne, Roi de Prusse ;

Sa Majesté le Roi des Belges :

Le sieur Gabriel-Auguste, comte Van der Straten

Ponthoz, son Envoyé Extraordinaire et Ministre Plénipotentiaire près Sa Majesté l'Empereur d'Allemagne, Roi de Prusse ;

Et le sieur Auguste, Baron Lambermont, Ministre d'État, son Envoyé Extraordinaire et Ministre Plénipotentiaire ;

Sa Majesté le Roi de Danemark :

Le sieur Emile de Vind, Chambellan, son Envoyé Extraordinaire et Ministre Plénipotentiaire près Sa Majesté l'Empereur d'Allemagne, Roi de Prusse ;

Sa Majesté le Roi d'Espagne :

Don Francisco Merry y Colom, comte de Benomar, son Envoyé Extraordinaire et Ministre Plénipotentiaire près Sa Majesté l'Empereur d'Allemagne, Roi de Prusse ;

Le Président des État-Unis d'Amérique :

Le sieur John A. Kasson, Envoyé Eextraordinaire et Ministre Plénipotentiaire des Utats-Unis d'Amérique près Sa Majesté l'Empereur d'Allemagne, Roi de Prusse ;

Et le sieur Henry S. Sanford, ancien Ministre :

Le Président de la République Française :

Le Sieur Alphonse, Baron de Courcel, Ambassadeur Extraordinaire et Plénipotentiaire de France près Sa Majesté l'Empereur d'Allemagne, Roi de Prusse ;

Sa Majesté la Reine du Royaume-Uni de la Grande-Bretagne et d'Irlande, Impératrice des Indes :

Sir Edward Baldwin Malet, son Ambassadeur Extraordinaire et Plénipotentiaire près Sa Majesté l'Empereur d'Allemagne, Roi de Prusse ;

Sa Majesté le Roi d'Italie :

Le Sieur Edouard, comte de Launay, son Ambassadeur Extraordinaire et Plénipotentiaire près Sa Majesté l'Empereur d'Allemagne, Roi de Prusse ;

Sa Majesté le Roi des Pays-Bas, Grand-Duc de Luxembourg, etc. :

Le sieur Frédéric-Philippe, Jonkheer van der Hoeven, son Envoyé Extraordinaire et Ministre Plénipotentiaire près Sa Majesté l'Empereur d'Allemagne, Roi de Prusse;

Sa Majesté le Roi de Portugal et des Algarves, etc. :

Le sieur da Serra Gomes, Marquis de Penafiel, Pair du Royaume, son Envoyé Extraordinaire et Ministre Plénipotentiaire près Sa Majesté l'Empereur d'Allemagne, Roi de Prusse,

Et le sieur Antoine de Serpa Pimentel, Conseiller d'État et Pair du Royaume;

Sa Majesté l'Empereur de toutes les Russies :

Le sieur Pierre, comte Kapnist, Conseiller privé, son Envoyé Extraordinaire et Ministre Plénipotentiaire près Sa Majesté le Roi des Pays-Bas;

Sa Majesté le Roi de Suède et de Norvège, etc., etc. :

Le sieur Gillis, Baron Bildt, lieutenant-général, son Envoyé Extraordinaire et Ministre Plénipotentiaire près Sa Majesté l'Empereur d'Allemagne, Roi de Prusse :

Sa Majesté l'Empereur des Ottomans :

Méhemed Saïd Pacha, Vézir et Haut Dignitaire, son Ambassadeur Extraordinaire et Plénipotentiaire près Sa Majesté l'Empereur d'Allemagne, Roi de Prusse,

Lesquels, munis de pleins pouvoirs qui ont été trouvés en bonne et due forme, ont successivement discuté et adopté :

1° Une déclaration relative à la liberté du commerce dans le bassin du Congo, ses embouchures et pays circonvoisins, avec certaines dispositions connexes;

2° Une déclaration concernant la traite des esclaves et

les opérations qui, sur la terre ou sur mer, fournissent des esclaves à la traite;

3° Une déclaration relative à la neutralité des territoires compris dans le bassin conventionnel du Congo;

4° Un acte de navigation du Congo, qui, en tenant compte des circonstances locales, étend à ce fleuve, à ses affluents et aux eaux qui leur sont assimilées, les principes généreux énoncés dans les articles 108 à 116 de l'Acte final du Congrès de Vienne et destiné à régler, entre les Puissances signataires de cet Acte, la libre navigation des cours d'eaux navigables qui séparent ou traversent plusieurs États, principes conventionnellement appliqués depuis à des fleuves de l'Europe et de l'Amérique, et notamment au Danube, avec les modifications prévues par les traités de Paris de 1857, de Berlin de 1878, et de Londres de 1871 et de 1883;

5° Un acte de navigation du Niger, qui, en tenant également compte des circonstances locales, étend à ce fleuve et à ses affluents les mêmes principes inscrits dans les articles 108 à 116 de l'Acte final du Congrès de Vienne;

6° Une Déclaration introduisant dans les rapports internationaux des règles uniformes relatives aux occupations qui pourront avoir lieu à l'avenir sur les côtes du continent africain.

Et ayant jugé que ces différents documents pourraient être utilement coordonnés en un seul instrument, les ont réunis en un Acte général composé des articles suivants:

CHAPITRE Ier

*Déclaration relative à la liberté du commerce dans le bassin
du Congo, ses embouchures et pays circonvoisins, et dispositions connexes.*

Article premier. — Le commerce de toutes les nations
jouira d'une complète liberté :

1° Dans tous les territoires constituant le bassin du
Congo et de ses affluents. Ce bassin est délimité par les
crêtes des bassins contigus, à savoir, notamment, les bassins du Niari, de l'Ogowé, du Schari et du Nil, au Nord ;
par la ligne de faîte orientale des affluents du lac Tanganyka, à l'Est ; par les crêtes du bassin du Zambèze et de
la Logé, au Sud. Il embrasse, en conséquence, tous les
territoires drainés par le Congo et ses affluents, y compris
le lac Tanganyka et ses tributaires orientaux ;

2° Dans la zone maritime s'étendant sur l'Océan Atlantique depuis le parallèle situé par 2°30 de latitude Sud
jusqu'à l'embouchure de la Logé.

La limite septentrionale suivra le parallèle situé par
2°30', depuis la côte jusqu'au point où il rencontre le bassin géographique du Congo, en évitant le bassin de l'Ogowé,
auquel ne s'appliquent pas les stipulations du présent
Acte.

La limite méridionale suivra le cours de la Logé jusqu'à
la source de cette rivière et se dirigera de là vers l'Est
jusqu'à la jonction avec le bassin géographique du Congo ;

3° Dans la zone se prolongeant à l'Est du bassin du
Congo, tel qu'il est délimité ci-dessus jusqu'à l'Océan
Indien, depuis le cinquième degré de latitude Nord jusqu'à
l'embouchure du Zambèze au Sud ; de ce point la ligne de

démarcation suivra le Zambèze jusqu'à cinq milles en amont du confluent du Shiré et continuera par la ligne de faîte séparant les eaux qui coulent vers le lac Nyassa des eaux tributaires du Zambèze, pour rejoindre enfin la ligne de partage des eaux du Zambèze et du Congo.

Il est expressément entendu qu'en étendant à cette zone orientale le principe de la liberté commerciale, les Puissances représentées à la Conférence ne s'engagent que pour elles-mêmes et que ce principe ne s'appliquera aux territoires appartenant actuellement à quelque État indépendant et souverain qu'autant que celui-ci y donnera son consentement. Les Puissances conviennent d'employer leurs bons offices auprès des Gouvernements établis sur le littoral africain de la mer des Indes afin d'obtenir ledit consentement et, en tout cas, d'assurer au transit de toutes les nations les conditions les plus favorables.

Art. 2. — Tous les pavillons, sans distinction de nationalité, auront libre accès à tout le littoral des territoires énumérés ci-dessus, aux rivières qui s'y déversent dans la mer, à toutes les eaux du Congo et de ses affluents, y compris les lacs, à tous les ports situés sur les bords de ces eaux, ainsi qu'à tous les canaux qui pourraient être creusés à l'avenir dans le but de relier entre eux les cours d'eau ou les lacs compris dans toute l'étendue des territoires décrits à l'article Ier. Ils pourront entreprendre toute espèce de transports et exercer le cabotage maritime et fluvial ainsi que la batellerie sur le même pied que les nationaux.

Art. 3. — Les marchandises de toute provenance importées dans ces territoires, sous quelque pavillon que ce soit, par la voie maritime ou fluviale ou par celle de terre, n'auront à acquitter d'autres taxes que celles qui pourraient être perçues comme une équitable compensation de dépenses utiles pour le commerce et qui, à ce titre, devront être également supportées par les nationaux et par les étrangers de toute nationalité.

Tout traitement différentiel est interdit à l'égard des navires comme des marchandises.

Art. 4. — Les marchandises importées dans ces territoires resteront affranchies de droits d'entrée et de transit.

Les Puissances se réservent de décider, au terme d'une période de vingt années, si la franchise d'entrée sera ou non maintenue.

Art. 5. — Toute puissance qui exerce ou exercera des droits de souveraineté dans les territoires susvisés ne pourra y concéder ni monopole, ni privilège d'aucune espèce en matière commerciale.

Les étrangers y jouiront indistinctement, pour la protection de leurs personnes et de leurs biens, l'acquisition et la transmission de leurs propriétés mobilières et immobilières et pour l'exercice des professions, du même traitement et des mêmes droits que les nationaux.

Art. 6. — *Dispositions relatives à la protection des indigènes, des missionnaires et des voyageurs, ainsi qu'à la liberté religieuse.*

Toutes les Puissances exerçant des droits de souveraineté ou une influence dans lesdits territoires s'engagent à veiller à la conservation des populations indigènes et à l'amélioration de leurs conditions morales et matérielles d'existence et à concourir à la suppression de l'esclavage et surtout de la traite des noirs; elles protégeront et favoriseront, sans distinction de nationalités ni de cultes,

toutes les institutions et entreprises religieuses, scientifiques ou charitables créées et organisées à ces fins ou tendant à instruire les indigènes et à leur faire comprendre
et apprécier les avantages de la civilisation.

Les missionnaires chrétiens, les savants, les explorateurs, leurs escortes, avoir et collections seront également
l'objet d'une protection spéciale.

La liberté de conscience et la tolérance religieuse sont
expressément garanties aux indigènes comme aux nationaux et aux étrangers. Le libre et public exercice de tous
les cultes, le droit d'ériger des édifices religieux et d'organiser des missions appartenant à tous les cultes ne seront
soumis à aucune restriction ni entrave.

Art. 7. — *Régime postal.*

La convention de l'Union postale universelle, revisée à
Paris le 1er Juin 1878, sera appliquée au bassin conventionnel du Congo.

Les Puissances qui y exercent ou exerceront des droits
de souveraineté ou de protectorat s'engagent à prendre,
aussitôt que les circonstances le permettront, les mesures
nécessaires pour l'exécution de la disposition qui précède.

Art. 8. — *Droit de surveillance attribué à la Commission
internationale du Congo.*

Dans toutes les parties du territoire visé par la présente
Déclaration où aucune Puissance n'exercerait des droits
de souveraineté ou de protectorat, la Commission internationale de la navigation du Congo, instituée en vertu
de l'article 17, sera chargée de surveiller l'application des
principes proclamés et consacrés par cette Déclaration.

Pour tous les cas où des difficultés relatives à l'application des principes établis par la présente déclaration vien-

draient à surgir, les Gouvernements intéressés pourront convenir de faire appel aux bons offices de la Commission internationale, en lui déférant l'examen des faits qui auront donné lieu à ces difficultés.

CHAPITRE II

Déclaration concernant la traite des esclaves.

Art. 9. — Conformément aux principes du droit des gens tels qu'ils sont reconnus par les Puissances signataires, la traite des esclaves étant interdite, et les opérations qui sur terre ou sur mer fournissent des esclaves à la traite devant être également considérées comme interdites, les Puissances qui exercent ou exerceront des droits de souveraineté ou une influence dans les territoires formant le bassin conventionnel du Congo déclarent que ces territoires ne pourront servir ni de marché ni de voie de transit pour la traite des esclaves de quelque race que ce soit. Chacune de ces Puissances s'engage à employer tous les moyens en son pouvoir pour mettre fin à ce commerce et pour punir ceux qui s'en occupent.

CHAPITRE III

Déclaration relative à la neutralité des territoires compris dans le bassin conventionnel du Congo.

Art. 10. — Afin de donner une garantie nouvelle de sécurité au commerce et à l'industrie et de favoriser, par le maintien de la paix, le développement de la civilisation dans les contrées mentionnées à l'article Ier et placées sous le régime de la liberté commerciale, les Hautes Parties signataires du présent Acte et celles qui adhéreront par la suite s'engagent à respecter la neutralité des territoires ou parties de territoires dépendant desdites contrées, y compris les eaux territoriales, aussi long-temps que les Puissances qui exercent ou qui exerceront des droits de souveraineté ou de protectorat sur ces territoires, usant de la faculté de se proclamer neutres, rempliront les devoirs que la neutralité comporte.

Art. 11. — Dans le cas où une Puissance exerçant des droits de souveraineté ou de protectorat dans les contrées mentionnées à l'article 1er et placées sous le régime de la liberté commerciale, serait impliquée dans une guerre, les Hautes Parties signataires du présent Acte et celles qui y adhéreront par la suite s'engagent à prêter leurs bons offices pour que les territoires appartenant à cette Puissance et compris dans la zone conventionnelle de la liberté commerciale soient, du consentement commun de cette Puissance et de l'autre ou des autres parties belligérantes, placés pour la durée de la guerre sous le régime de la neutralité et considérés comme appartenant à un Etat non belligérant ; les parties belligérantes renonceraient dès lors à étendre les hostilités aux territoires ainsi neutralisés, aussi bien qu'à les faire servir de base à des opérations de guerre.

Art. 12. — Dans le cas où un dissentiment sérieux, ayant pris naissance au sujet ou dans les limites des territoires mentionnés à l'article 1er et placés sous le régime de la liberté commerciale, viendrait à s'élever entre des Puissances signataires du présent Acte ou des Puissances qui y adhéreraient par la suite, ces Puissances s'engagent, avant d'en appeler aux armes, à recourir à la médiation d'une ou de plusieurs Puissances amies.

Pour le même cas, les mêmes Puissances se réservent le recours facultatif à la procédure de l'arbitrage.

CHAPITRE IV

Acte de navigation du Congo.

Art. 13. — La navigation du Congo, sans exception d'aucun des embranchements ni issues de ce fleuve, est et demeurera entièrement libre pour les navires marchands, en charge ou sur lest, de toutes les nations, tant pour le transport des marchandises que pour celui des voyageurs. Elle devra se conformer aux dispositions du présent Acte de navigation et aux règlements à établir en exécution du même Acte.

Dans l'exercice de cette navigation, les sujets et les pavillons de toutes les nations seront traités, sous tous les rapports, sur le pied d'une parfaite égalité, tant pour la navigation directe de la pleine mer vers les ports intérieurs du Congo, et *vice versa*, que pour le grand et le petit cabotage, ainsi que pour la batellerie sur le parcours de ce fleuve.

En conséquence, sur le parcours et aux embouchures du Congo, il ne sera fait aucune distinction entre les sujets des États riverains et ceux des non riverains, et il ne sera concédé aucun privilège exclusif de navigation, soit à des sociétés ou corporations quelconques, soit à des particuliers.

Ces dispositions sont reconnues par les Puissances signataires comme faisant désormais partie du droit public international.

Art. 14. — La navigation du Congo ne pourra être

assujettie à aucune entrave ni redevance qui ne seraient pas exactement stipulées dans le présent Acte. Elle ne sera grevée d'aucune obligation d'échelle, d'étape, de dépôt, de rompre charge, ou de relâche forcée.

Dans toute l'étendue du Congo, les navires et les marchandises transitant sur le fleuve ne seront soumis à aucun droit de transit, quelles que soient leurs provenances et leur destination.

Il ne sera établi aucun péage maritime ni fluvial basé sur le seul fait de la navigation, ni aucun droit sur les marchandises qui se trouvent à bord des navires. Pourront seuls être perçus des taxes ou droits qui auront le caractère de rétribution pour services rendus à la navigation même, savoir :

1º Des taxes de port pour l'usage effectif de certains établissements locaux tels que quais, magasins, etc.

Le tarif de ces taxes sera calculé sur les dépenses de construction et d'entretien desdits établissements locaux, et l'application en aura lieu sans égard à la provenance des navires ni à leur cargaison ;

2º Des droits de pilotage sur les sections fluviales où il paraîtrait nécessaire de créer des stations de pilotes brevetés.

Le tarif de ces droits sera fixé et proportionné au service rendu ;

3º Des droits destinés à couvrir les dépenses techniques et administratives, faites dans l'intérêt général de la navigation, y compris les droits de phare, de fanal et de balisage.

Les droits de cette dernière catégorie sont basés sur le tonnage des navires tel qu'il résulte des papiers de bord, et conformément aux règles adoptées pour le bas Danube.

Les tarifs d'après lesquels les taxes et droits, énumérés dans les trois paragraphes précédents, seront perçus, ne comporteront aucun traitement différentiel et devront être officiellement publiés dans chaque port.

Les Puissances se réservent d'examiner, au bout d'une période de cinq ans, s'il y a lieu de reviser, d'un commun accord, les tarifs ci-dessus mentionnés.

Art. 15. — Les affluents du Congo seront à tous égards soumis au même régime que le fleuve dont ils sont tributaires.

Le même régime sera appliqué aux fleuves et rivières ainsi qu'aux lacs et canaux des territoires déterminés par l'article 1ᵉʳ, paragraphes 2 et 3.

Toutefois les attributions de la Commission internationale du Congo ne s'étendront pas sur lesdits fleuves, rivières, lacs et canaux, à moins de l'assentiment des États sous la souveraineté desquels ils sont placés. Il est bien entendu aussi que, pour les territoires mentionnés dans l'article 1ᵉʳ, paragraphe 3, le consentement des Etats souverains de qui ces territoires relèvent demeure réservé.

Art. 16. — Les routes, chemins de fer ou canaux latéraux qui pourront être établis dans le but spécial de suppléer à l'innavigabilité ou aux imperfections de la voie fluviale sur certaines sections du parcours du Congo, de ses affluents et des autres cours d'eau qui leur sont assimilés par l'article 15, seront considérés, en leur qualité de moyens de communication, comme des dépendances de ce fleuve et seront également ouverts au trafic de toutes les nations.

De même que sur le fleuve, il ne pourra être perçu sur ces routes, chemins de fer et canaux que des péages calculés sur les dépenses de construction, d'entretien et d'administration, et sur les bénéfices dus aux entrepreneurs.

Quant aux taux de ces péages, les étrangers et les nationaux des territoires respectifs seront traités sur le pied d'une parfaite égalité.

Art. 17. — Il est institué une Commission internationale chargée d'assurer l'exécution des dispositions du présent acte de navigation.

Les puissances signataires de cet acte, ainsi que celles qui y adhèreront postérieurement pourront, en tout temps, se faire représenter par ladite Commission, chacune par un délégué. Aucun délégué ne pourra disposer de plus d'une voix, même dans le cas où il représenterait plusieurs gouvernements.

Ce délégué sera directement rétribué par son gouvernement.

Les traitements et allocations des agents et employés de la Commission internationale seront imputés sur le produit des droits perçus conformément à l'article 14, paragraphes 2 et 3.

Les chiffres desdits traitements et allocations, ainsi que le nombre, le grade et les attributions des agents et employés, seront inscrits dans le compte rendu qui sera adressé chaque année aux Gouvernements représentés dans la Commission internationale.

Art. 18. — Les membres de la Commission internationale, ainsi que les agents nommés par elle, sont investis du privilège de l'inviolabilité dans l'exercice de leurs fonctions. La même garantie s'étendra aux offices, bureaux et archives de la Commission.

Art. 19. — La Commission internationale de navigation du Congo se constituera aussitôt que cinq des puissances signataires du présent acte général auront nommé leurs délégués. En attendant la constitution de la Commission, la nomination des délégués sera notifiée au gouvernement de l'Empire d'Allemagne, par les soins duquel les démarches nécessaires seront faites pour provoquer la réunion de la Commission.

La Commission élaborera immédiatement des règlements de navigation, de police fluviale, de pilotage et de quarantaine.

Ces règlements, ainsi que les tarifs à établir par la Commission, avant d'être mis en vigueur, seront soumis à l'approbation des puissances représentées dans la Commission. Les puissances intéressées devront faire connaître leur avis dans le plus bref délai possible.

Les infractions à ces règlements seront réprimés par les agents de la Commission internationale là où elle exercera directement son autorité, et ailleurs par la puissance riveraine.

Au cas d'un abus de pouvoir ou d'une injustice de la part d'un agent ou d'un employé de la Commission internationale, l'individu qui se regardera comme lésé dans sa personne ou dans ses droits pourra s'adresser à l'Agent consulaire de sa nation. Celui-ci devra examiner la plainte; s'il la trouve *prima facie* raisonnable, il aura le droit de la présenter à la Commission. Sur son initiative, la Commission, représentée par trois au moins de ses membres, s'adjoindra à lui pour faire une enquête touchant la conduite de son agent ou de son employé. Si l'Agent consulaire considère la décision de la Commission comme soulevant des objections de droit, il en fera un rapport à son gouvernement, qui pourra recourir aux puissances représentées dans la Commission et les inviter à se concerter sur des instructions à donner à la Commission.

Art. 20. — La Commission internationale du Congo, chargée aux termes de l'article 17, d'assurer l'exécution du présent acte de navigation, aura notamment dans ses attributions :

1° La désignation des travaux propres à assurer la navigabilité du Congo selon les besoins du commerce international.

Sur les sections du fleuve où aucune puissance n'exercera des droits de souveraineté, la Commission internationale prendra elle-même les mesures nécessaires pour assurer la navigabilité du fleuve.

Sur les sections du fleuve occupées par une puissance souveraine, la Commission internationale s'étendra avec l'autorité riveraine ;

2° La fixation du tarif de pilotage et celle du tarif général des droits de navigation prévus aux 2° et 3° paragraphes de l'article 14.

Les tarifs mentionnés au premier paragraphe de l'article 14 seront arrêtés par l'autorité territoriale dans les limites prévues audit article.

La perception de ces différents droits aura lieu par les soins de l'autorité internationale ou territoriale pour le compte de laquelle ils sont établis ;

3° L'administration des revenus provenant de l'application du paragraphe 2 ci-dessus ;

4° La surveillance de l'établissement quarantenaire établi en vertu de l'article 24 ;

5° La nomination des agents dépendant du service général de la navigation et celle de ses propres employés.

L'institution des sous-inspecteurs appartiendra à l'autorité territoriale sur les sections occupées par une puissance et à la Commission internationale sur les autres sections du fleuve.

La puissance riveraine notifiera à la Commission internationale la nomination des sous-inspecteurs qu'elle aura institués et cette puissance se chargera de leur traitement.

Dans l'exercice de ses attributions, telles qu'elles sont définies et limitées ci-dessus, la Commission internationale ne dépendra pas de l'autorité internationale.

Art. 21. — Dans l'accomplissement de sa tâche, la Commission internationale pourra recourir, au besoin, aux bâtiments de guerre des puissances signataires de cet acte et de celles qui y accéderont à l'avenir sous toute réserve des instructions qui pourraient être données aux commandants de ces bâtiments par leurs gouvernements respectifs.

Art. 22. — Les bâtiments de guerre des puissances signataires du présent acte qui pénètrent dans le Congo sont exempts du payement des droits de navigation prévus au paragraphe 3 de l'article 14 ; mais ils acquitteront les droits éventuels de pilotage ainsi que les droits de port, à moins que leur intervention n'ait été réclamée par la

Commission internationale ou ses agents, aux termes de l'article précédent.

Art. 23. — Dans le but de subvenir aux dépenses techniques et administratives qui lui incombent, la Commission internationale instituée par l'article 17 pourra négocier en son nom propre des emprunts exclusivement gagés sur les revenus attribués à ladite Commission.

Les décisions de la Commission tendant à la conclusion d'un emprunt devront être prises à la majorité des deux tiers de voix. Il est entendu que les gouvernements représentés à la Commission ne pourront, en aucun cas, être considérés comme assumant aucune garantie, ni contractant aucun engagement ni solidarité à l'égard desdits emprunts, à moins de conventions spéciales conclues par eux à cet effet.

Le produit des droits spécifiés au troisième paragraphe de l'article 14 sera affecté par priorité au service des intérêts et à l'amortissement desdits emprunts suivant les conventions passées avec les prêteurs.

Art. 24. — Aux embouchures du Congo, il sera fondé, soit par l'initiative des puissances riveraines, soit par l'intervention de la Commission internationale, un établissement quarantenaire qui exercera le contrôle sur les bâtiments, tant à l'entrée qu'à la sortie.

Il sera décidé plus tard, par les puissances, si et dans quelles conditions un contrôle sanitaire devra être exercé sur les bâtiments dans le cours de la navigation fluviale.

Art. 25. — Les dispositions du présent acte de navigation demeureront en vigueur en temps de guerre. En conséquence, la navigation de toutes les nations, neutres ou belligérantes, sera libre, en tout temps, pour les usages du commerce sur le Congo, ses embranchements, ses affluents et ses embouchures ainsi que sur la mer territoriale faisant face aux embouchures de ce fleuve.

Le trafic demeurera également libre, malgré l'état de guerre sur les routes, chemins de fer, lacs et canaux mentionnés dans les articles 15 et 16.

Il ne sera apporté d'exception à ce principe qu'en ce qui concerne le transport des objets destinés à un belligérant et considérés, en vertu du droit des gens, comme articles de contrebande de guerre.

Tous les ouvrages et établissements créés en exécution du présent acte, notamment les bureaux de perception et leurs caisses, de même que le personnel attaché d'une manière permanente au service de ses établissements, seront placés sous le régime de la neutralité et, à ce titre, seront respectés et protégés par les belligérants.

CHAPITRE V
Acte de navigation du Niger.

Art. 26. — La navigation du Niger, sans exception d'aucun des embranchements ni issues de ce fleuve, est et demeurera entièrement libre pour les navires marchands, en charge ou sur lest, de toutes les nations tant pour le transport des marchandises que pour celui des voyageurs. Elle devra se conformer aux dispositions du présent acte de navigation et aux règlements à établir en exécution du même acte.

Dans l'exercice de cette navigation, les sujets et les pavillons de toutes les nations seront traités, sous tous les rapports, sur le pied d'une parfaite égalité, tant pour

la navigation directe de la pleine mer vers les ports intérieurs du Niger, et *vice versâ*, que pour le grand et le
petit cabotage, ainsi que pour la batellerie sur le parcours
de ce fleuve.

En conséquence, sur tout le parcours et aux embouchures du Niger, il ne sera fait aucune distinction entre
les sujets des Etats riverains et ceux des non riverains,
et il ne sera concédé aucun privilège exclusif de navigation, soit à des sociétés ou corporations quelconques, soit
à des particuliers.

Ces dispositions sont reconnues par les Puissances signataires comme faisant désormais partie du droit public
international.

Art. 27. — La navigation du Niger ne pourra être assujettie à aucune entrave ni redevance basées uniquement
sur le fait de la navigation.

Elle ne subira aucune obligation d'échelle, d'étape, de
dépôt, de rompre charge, ou de relâche forcée.

Dans toute l'étendue du Niger, les navires et les marchandises transitant sur le fleuve ne seront soumis à
aucun droit de transit, quelle que soit leur provenance ou
leur destination.

Il ne sera établi aucun péage maritime ni fluvial basé
sur le seul fait de la navigation, ni aucun droit sur les
marchandises qui se trouvent à bord des navires. Pourront
seuls être perçus des taxes ou droits qui auront le caractère de rétribution pour services rendus à la navigation
même. Les tarifs de ces taxes ou droits ne comporteront
aucun traitement différentiel.

Art. 28. — Les affluents du Niger seront à tous égards

soumis au même régime que le fleuve dont ils sont tributaires.

Art. 29. — Les routes, chemins de fer ou canaux latéraux qui pourront être établis dans le but spécial de suppléer à l'innavigabilité ou aux imperfections de la voie fluviale sur certaines sections du parcours du Niger, de ses affluents, embranchements et issues seront considérés, en leur qualité de moyens de communication, comme des dépendances de ce fleuve et seront également ouverts au trafic de toutes les nations.

De même que sur le fleuve, il ne pourra être perçu sur ces routes, chemins de fer et canaux, que des péages calculés sur les dépenses de construction, d'entretien et d'administration, et sur les bénéfices dus aux entrepreneurs.

Quant aux taux de ces péages, les étrangers et les nationaux des territoires respectifs seront traités sur le pied d'une parfaite égalité.

Art. 30. — La Grande-Bretagne s'engage à appliquer les principes de la liberté de navigation énoncés dans les articles 26, 27, 28, 29, en tant que les eaux du Niger, de ses affluents, embranchements et issues, sont ou seront sous sa souveraineté ou son protectorat.

Les règlements qu'elle établira pour la sûreté et le contrôle de la navigation seront conçus de manière à faciliter autant que possible la circulation des navires marchands.

Il est entendu que rien dans les engagements ainsi pris ne saurait être interprété comme empêchant ou pouvant empêcher la Grande-Bretagne de faire quelques règlements de navigation que ce soit, qui ne seraient pas contraires à l'esprit de ces engagements.

La Grande-Bretagne s'engage à protéger les négociants étrangers de toutes les nations faisant le commerce dans les parties du cours du Niger qui sont ou seront sous sa souveraineté ou son protectorat, comme s'ils étaient ses propres sujets, pourvu toutefois que ces négociants se conforment aux règlements qui sont ou seront établis en vertu de ce qui précède.

Art. 31. — La France accepte sous les mêmes réserves et en termes identiques, les obligations consacrées dans l'article précédent, en tant que les eaux du Niger, de ses affluents, embranchements et issues sont ou seront sous sa souveraineté ou son protectorat.

Art. 32. — Chacune des autres puissances signataires s'engage de même, pour le cas où elle exercerait dans l'avenir des droits de souveraineté ou de protectorat sur quelque partie des eaux du Niger, de ses affluents, embranchements et issues.

Art. 33. — Les dispositions du présent acte de navigation demeureront en vigueur en temps de guerre. En conséquence, la navigation de toutes les nations, neutres ou belligérantes, sera libre en tout temps pour les usages du commerce sur le Niger, ses embranchements et affluents, ses embouchures et issues, ainsi que sur la mer territoriale faisant face aux embouchures et issues de ce fleuve.

Le trafic demeurera également libre, malgré l'état de guerre, sur les routes, chemins de fer et canaux mentionnés dans l'article 29.

Il ne sera apporté d'exception à ce principe qu'en ce qui concerne le transport des objets destinés à un belligérant et considérés, en vertu du droit des gens, comme articles de contrebande de guerre.

CHAPITRE VI

Déclaration relative aux conditions essentielles à remplir pour que des occupations nouvelles sur les côtes du continent africain soient considérées comme effectives.

Art. 34. — La puissance qui, dorénavant, prendra possession d'un territoire sur les côtes du Continent africain situé en dehors de ses possessions actuelles ou qui, n'en ayant pas eu jusque-là, viendrait à en acquérir, et de même la puissance qui y assumera un protectorat accompagnera l'acte respectif d'une notification adressée aux autres puissances signataires du présent acte, afin de les mettre à même de faire valoir, s'il y a lieu, leurs réclamations.

Art. 35. — Les puissances signataires du présent acte reconnaissent l'obligation d'assurer, dans les territoires occupés par elles, sur les côtes du Continent africain, l'existence d'une autorité suffisante pour faire respecter les droits acquis et, le cas échéant, la liberté du commerce et du transit dans les conditions où elle serait stipulée.

CHAPITRE VII

Dispositions générales.

Art. 36. — Les puissances signataires du présent acte général se réservent d'y introduire ultérieurement et d'un commun accord les modifications ou améliorations dont l'utilité serait démontrée par l'expérience.

Art. 37. — Les Puissances qui n'auront pas signé le

présent acte général pourront adhérer à ses dispositions par un acte séparé.

L'adhésion de chaque puissance est notifiée, par la voie diplomatique, au gouvernement de l'Empire d'Allemagne, et par celui-ci à tous les états signataires ou adhérents.

Elle emporte de plein droit l'acceptation de toutes les obligations et l'admission à tous les avantages stipulés par le présent acte général.

Art. 38. — Le présent acte général sera ratifié dans un délai qui sera le plus court possible et qui, en aucun cas, ne pourra excéder un an.

Il entrera en vigueur pour chaque puissance à partir de la date où elle l'aura ratifié.

En attendant, les puissances signataires du présent acte général s'obligent à n'adopter aucune mesure qui serait contraire aux dispositions dudit acte.

Chaque puissance adressera sa ratification au gouvernement de l'Empire d'Allemagne, par les soins de qui il en sera donné avis à toutes les autres puissances signataires du présent acte général.

Les ratifications de toutes les puissances resteront déposées dans les archives du gouvernement de l'Empire d'Allemagne. Lorsque toutes les ratifications auront été produites, il sera dressé acte de dépôt dans un protocole qui sera signé par les représentants de toutes les puissances et dont une copie certifiée sera adressée à toutes les puissances.

En foi de quoi, les plénipotentiaires respectifs ont signé le présent acte général et y ont apposé leur cachet.

Fait à Berlin, le vingt-sixième jour du mois de février mil-huit-cent-quatre-vingt-cinq.

CONVENTION ENTRE L'ALLEMAGNE ET L'ANGLETERRE (1)

Les soussignés :

Le chancelier de l'empire allemand, général de Caprivi ;

Le conseiller privé de légation au ministère des affaires étrangères, M. Kranel ;

Sir Edward Baldwin Malet, ambassadeur extraordinaire et plénipotentiaire de Sa Majesté Britannique.

Sir Henry Percy Anderson, chef du département africain du Foreign Office de Sa Majesté ;

Se sont, après discussion de questions variées concernant les intérêts coloniaux de l'Allemagne et de la Grande-Bretagne, arrêtés à la convention suivante, au nom de leurs gouvernements respectifs :

Article premier. — Dans l'Est africain, la sphère dans laquelle l'exercice d'influence est réservée à l'Allemagne est bornée :

1° Au Nord par une ligne qui, commençant sur la côte à la rive nord de l'embouchure de la rivière Umba, court

(1) Convention dite de Zanzibar.

directement au lac Jipé, passe alors du côté est, fait le tour du côté nord du lac, et traverse la rivière Lumé ; après quoi elle passe à mi-chemin entre les territoires de Tavéita et Chagga, suit la base nord de la chaîne de Hilimanjaro et alors est tirée directement jusqu'au côté est du lac Victoria Nyanza au point qui est coupé par le premier parallèle de latitude sud; alors traversant le lac sur ce parallèle, elle suit le parallèle jusqu'à la frontière de l'État libre du Congo où elle se termine. Il est cependant entendu que sur le côté ouest du lac la sphère ne comprend pas le mont Mfumbiro ; s'il est prouvé que cette montagne est située au sud du parallèle choisi, on fera dévier la ligne, de façon à l'exclure, mais elle retournera, néanmoins, de façon à terminer au point nommé ci-dessus.

2° Au Sud par une ligne qui, partant à la côte, à la limite nord de la province de Mozambique, suit le cours de la rivière Rovuma, jusqu'à son confluent avec le Msinjé ; alors à partir de ce point elle suit dans la direction ouest le parallèle jusqu'à ce qu'il atteigne le lac de Nyassa ; puis se dirigeant au nord, elle suit les rives est, nord et ouest du lac jusqu'à la rive nord de l'embouchure de la rivière Songwee, elle remonte cette rivière jusqu'à son point d'intersection avec le 33° degré de longitude est ; alors elle suit la rivière jusqu'au point où elle approche le plus près de la limite du bassin géographique du Congo définie par le premier article de l'Acte de Berlin et marquée sur la carte attachée du neuvième protocole de la Conférence ; de ce point elle se dirige directement sur le point du confluent des branches nord et sud de la rivière Kibambo et suit alors cette rivière jusqu'à ce qu'elle entre dans le lac Tanganyika.

Le cours de la limite ci-dessus est tracé conformément à une carte du plateau Nyassa-Tanganyika, dressée officiellement pour le gouvernement britannique en 1889.

3° A L'OUEST, par une ligne qui, de l'embouchure de la rivière Kilambo jusqu'au premier parallèle de latitude sud, est limitrophe de l'Etat libre du Congo.

La sphère dans laquelle l'exercice d'influence est réservée à la Grande-Bretagne est bornée :

1° Au SUD par la ligne ci-dessus mentionnée, courant de l'embouchure de la rivière Umba jusqu'au point où le premier parallèle de latitude sud atteint l'Etat libre du Congo. Le mont Mfumbiro est compris dans cette sphère.

2° Au NORD, par une ligne commençant à la côte, à la rive nord de l'embouchure de la rivière Juba ; alors elle remonte cette rive de la rivière et est limitrophe du territoire réservé à l'influence de l'Italie en Gallaland et Abyssinie, jusqu'aux confins de l'Egypte.

3° A L'OUEST, par l'Etat libre du Congo et par la ligne ouest de partage des eaux du bassin du haut Nil.

Article 2. — Dans le but de rendre effective la délimitation indiquée dans le précédent article, l'Allemagne abandonne en faveur de la Grande-Bretagne son protectorat sur Witu. La Grande-Bretagne s'engage à reconnaître la souveraineté du sultan de Witu sur le territoire s'étendant de Kipini au point opposé à l'île de Kwyhoo fixée comme limite en 1887.

L'Allemagne abandonne aussi son protectorat sur la côte attenante au-dessus jusqu'à Hismayu, comme aussi ses prétentions à tout autre territoire sur le continent, au nord de la rivière Tana, et aux îles de Patta et Manda.

Article 3. — Dans le Sud-Ouest africain la sphère dans laquelle l'exercice d'influence est réservé à l'Allemagne est bornée :

Au Sud par une ligne commençant à l'embouchure de la rivière Orange, et remontant la rive droite de cette rivière jusqu'à son point d'intersection avec le 20ᵉ degré de longitude est.

A l'Est par une ligne commençant au point sus-nommé et suivant le 20ᵉ degré de longitude jusqu'à son point d'intersection avec le vingt-deuxième parallèle de latitude sud ; elle suit à l'est ce parallèle jusqu'à son point d'intersection avec le 21ᵉ degré de longitude est ; alors elle suit ce degré au nord jusqu'à son point d'intersection avec le dix-huitième parallèle de latitude sud ; elle suit à l'est ce parallèle jusqu'à ce qu'il atteigne la rivière Chobé et descend (1) de cette rivière jusqu'à sa jonction avec le Zambèze, où elle se termine.

Il est entendu que d'après cet arrangement l'Allemagne aura libre accès de son protectorat au Zambèze par une bande de territoire qui ne sera en aucun point inférieure en largeur à 20 milles anglais.

La sphère dans laquelle l'exercice d'influence est réservé à la Grande-Bretagne est limitée à l'ouest et au nord-ouest par la ligne ci-dessus mentionné e. Elle comprend le lac Ngami.

Le cours de la limite ci-dessus est tracé conformément à une carte dressée officiellement par le gouvernement britannique en 1889.

La délimitation de la limite sud du territoire anglais

____

(1) Le Thalweg de la principale branche.

de Walfish Bay est réservée pour un arbitrage à moins qu'elle ne soit réglée par le consentement des deux puissances, dans l'espace de deux ans à partir de la date de la conclusion de cette convention. Les deux puissances conviennent que, tant que ce règlement sera pendant, le passage des sujets et le transit des marchandises des deux puissances, à travers le territoire actuellement disputé, sera libre et le traitement de leurs sujets sur ce territoire sera de toutes façons égal.

Il ne sera pas lésé de droits sur les marchandises en transit. Jusqu'à ce qu'un règlement soit effectué, le territoire sera considéré comme neutre.

Article 4. — Dans l'Ouest africain :

La limite entre le protectorat allemand de Toga et la colonie anglaise de la Côte-d'Or (British Gold Coast Colony) commence sur la côte aux lignes établies après les négociations entre les commissaires des deux pays, des 14 et 28 juillet 1886 et se dirige au nord ; jusqu'aux sixième et dixième parallèles de latitude nord alors elle longe ce parallèle dans la direction ouest jusqu'à ce qu'il atteigne la rive gauche de la rivière Aka, remonte le thalweg de la rivière jusqu'au 6°20' parallèle de latitude nord, longe ce parallèle dans la direction de l'ouest jusqu'à la rive droite de la rivière Dehawe ou Shavoe, suit cette rive de la rivière jusqu'à ce qu'elle atteigne le parallèle correspondant avec le point de confluent de la rivière Deine avec la Volta. Elle longe ce parallèle à l'ouest jusqu'à ce qu'il atteigne la Volta ; de ce point elle remonte la rive gauche de la Volta jusqu'à son arrivée à la zone neutre, établie par la convention de 1888, qui commence au confluent de la rivière Dakka avec la Volta.

Chaque puissance s'engage à retirer immédiatement
après la conclusion de cette convention tous ses fonctionnaires et employés du territoire qui est assigné à l'autre
puissance par la délimitation ci-dessus.

Comme il a été prouvé, à la satisfaction des deux puissances, qu'il n'existe pas sur le golfe de Guinée de rivière
correspondant à celle marquée sur les cartes comme le
Rio del Rey, laquelle allusion avait été faite dans la
convention de 1885, une ligne provisoire de démarcation
est adoptée entre la sphère allemande dans le Came-
roons et la sphère anglaise adjacente, laquelle ligne partant de l'ouverture de la crique de Rio del Rey va directement au point, sur le 9°8' de longitude est, marqué
« Rapides » dans la carte de l'Amirauté anglaise.

Article 5. — Il est entendu qu'aucun traité ou convention fait par ou au nom de chaque puissance au nord de
la rivière Benue ne s'opposera au libre passage des marchandises de l'autre puissance, sans payement de droits
de transits jusque et à partir des rives du lac Tchad. Tous
traités faits dans des territoires se trouvant entre le
Benue et le lac Tchad seront notifiés par une puissance à
l'autre.

Article 6. — Toutes les lignes de démarcation, tracées
dans les articles 1 à 4, seront sujettes à rectification par
convention entre les deux puissances, en conformité avec
les besoins locaux.

Il est spécialement convenu que relativement aux limites tracées dans l'article 7, les connaissances se réuniront dans le plus bref délai pour l'objet de cette rectification.

Article 7. — Les deux puissances s'engagent à ne pas

intervenir dans aucune sphère d'influence assignée à l'autre par les articles 1 à 4. Une des puissances ne pourra pas dans la sphère de l'autre faire des acquisitions, conclure des traités, accepter des droits souverains ou des protectorats ni gêner l'extension de l'autre.

Il est convenu que ni des compagnies ni des individus, sujets d'une des puissances, ne pourront exercer des droits souverains dans une sphère assignée à l'autre, excepté avec le consentement de cette dernière.

Article 8. — Les deux puissances s'engagent à appliquer dans toutes les parties de leurs sphères respectives, dans les limites de la zone libre, définies par l'acte de Berlin, en 1885, auxquelles les cinq premiers articles de cet acte sont applicables à la date de la présente convention, les dispositions de ces articles suivant lesquelles le commerce jouit d'une complète liberté; la navigation des lacs, rivières et canaux et des ports situés sur ses eaux est ouverte aux deux pavillons. Un traitement différent n'est pas permis en ce qui concerne le commerce de transit ou de cabotage; les marchandises, de quelque origine qu'elles soient, ne seront sujettes à aucuns droits excepté à ceux qui (1), à l'exclusion de traitement variable, seront levés pour faire face à la dépense dans l'intérêt du commerce ; aucuns droits de transit ne seront permis et aucun monopole en faveur ou matières de commerce ne pourront être accordés.

Les sujets de chaque puissance seront libres de s'éta-

____

(1) En anglais : not differential in their incidence; en allemand : unter Ausschluss imgleicher Behandlung.

blir librement dans leurs territoires respectifs situés dans la zone commerciale libre.

Il est spécialement convenu que, conformément à ces dispositions, le passage des marchandises des deux puissances sera libre de toutes entraves et de tout droit de transit, entre le lac Nyassa et l'Etat du Congo, entre les lacs Nyassa et Tanganyika, sur le lac Tanganyika et entre ce lac et la limite nord des deux sphères.

Article 9. — Le commerce et les concessions minières et les droits sur des immeubles possédés par des compagnies ou des individus, sujets d'une des puissances, seront, si leur rapidité est dûment établie, reconnus dans la sphère de l'autre puissance. Il est convenu que les concessions seront conçues conformément aux lois locales et aux règlements.

Article 10. — Dans tous les territoires en Afrique, appartenant à chaque puissance, ou placés sous leur influence, les missionnaires des deux pays auront pleine protection. La tolérance religieuse et la liberté pour toutes formes de culte divin et d'enseignement religieux sont garanties.

Article 11. — La Grande-Bretagne s'engage à user de toute son influence pour faciliter un arrangement amical par lequel le sultan de Zanzibar céderait absolument à l'Allemagne ses possessions sur le continent comprises dans les concessions existantes à la Compagnie allemande de l'Est africain, et leurs dépendances, comme aussi l'île de Mafia. Il est entendu que Sa Hautesse recevra, en même temps, une équitable indemnité pour la perte de revenu résultant d'une telle cession.

L'Allemagne s'engage à reconnaître un protectorat

de la Grande-Bretagne sur les états restants du sultan de Zanzibar comprenant les îles de Zanzibar et Pemba, comme aussi sur les états du sultan de Witu, et le Semtone adjacent jusqu'à Kismaju duquel son protectorat est retiré. Il est entendu que, si la cession de la côte allemande n'a pas eu lieu avant la prise en possession par la Grande-Bretagne du protectorat de Zanzibar, le gouvernement de Sa Majesté acceptera en prenant le protectorat l'obligation d'user de toute son influence auprès du sultan pour l'amener à faire cette cession, dans la période la plus rapprochée, en échange d'une équitable indemnité.

Article 12. — 1° Sous la réserve de l'assentiment du Parlement anglais, la souveraineté sur l'île de Héligoland, ainsi que sur ses dépendances, est cédée par Sa Majesté Britannique à Sa Majesté l'empereur d'Allemagne.

2° Le gouvernement allemand reconnaîtra à toutes personnes, natives des territoires ainsi cédés, le droit d'opter pour la nationalité anglaise au moyen d'une déclaration qui sera faite par eux, et dans le cas d'enfants en bas âge, par leurs parents ou gardiens, laquelle déclaration doit être envoyée avant le 1er janvier 1892.

3° Toutes personnes, natives des territoires ainsi cédés, et leurs enfants, nés avant la date de la signature de la présente convention, sont libérés de l'obligation du service dans les forces militaires et navales de l'Allemagne.

4° Les lois et coutumes indigènes maintenant existantes seront autant que possible respectées.

5° Le gouvernement allemand s'engage à ne pas augmenter le tarif de douane à présent en vigueur dans le territoire ainsi cédé, jusqu'au 1er janvier 1910.

6° Tous les droits de propriété, que des personnes

privées ou des corporations existantes ont acquis en
Héligoland du gouvernement Britannique, sont main-
tenus; les obligations en résultant sont transférées à Sa
Majesté l'empereur d'Allemagne. Il est convenu que le
terme ci-dessus « droits de propriété » comprend le droit
de « Signalling (1) », dont jouissent maintenant les
Lloyds.

7° Les droits des pêcheurs anglais par rapport au droit
de mouillage en toutes eaux, à celui de prendre des
provisions et de l'eau, de se radouber, au transbordement
des marchandises, à la vente du poisson et au débarqu?-
ment et séchage des filets, demeurent respectés.

Berlin, 1er juillet 1890.

VON CAPRIVI;
R. KRANEL;
EDWARD B. MALET;
H. PERCY ANDERSON.

(1) Mot intraduisible. Le texte anglais dit *the right of Signalling* et le texte allemand *das Signalrecht.* C'est évidemment
un terme maritime.

CONVENTION ANGLO-FRANÇAISE

DÉCLARATION DU GOUVERNEMENT FRANÇAIS

Le soussigné, dûment autorisé par le gouvernement de la République Française, fait la déclaration suivante :

Conformément à la demande qui lui a été faite par le gouvernement de Sa Majesté Britannique, le gouvernement de la République Française consent à modifier l'arrangement du 10 mars 1862, en ce qui touche le sultan de Zanzibar. En conséquence il s'engage à reconnaître le protectorat britannique sur les îles de Zanzibar et de Pemba, aussitôt qu'il lui aura été notifié.

Dans les territoires dont il s'agit, les missionnaires des deux pays jouiront d'une complète protection. La tolérance religieuse, la liberté pour tous les cultes et pour l'enseignement religieux sont garanties.

Il est bien entendu que l'établissement de ce protectorat ne peut pas porter atteinte aux droits et immunités dont jouissent les citoyens français dans les territoires dont il s'agit.

Signé : WADDINGTON.

Londres, 5 août 1890.

DÉCLARATION DU GOUVERNEMENT ANGLAIS

Le soussigné, dûment autorisé par le gouvernement de Sa Majesté Britannique, fait la déclaration suivante :

1° Le gouvernement de Sa Majesté Británnique reconnaît le protectorat de la France sur l'île de Madagascar, avec ses conséquences, notamment en ce qui touche les exéquaturs des consuls et agents britanniques, qui devront être demandés par l'intermédiaire du résident général français.

Dans l'île de Madagascar, les missionnaires des deux pays jouiront d'une complète protection. La tolérance religieuse, la liberté pour tous les cultes et pour l'enseignement religieux sont garanties.

Il est bien entendu que l'établissement de ce protectorat ne peut atteindre aux droits et immunités dont jouissent les nationaux anglais dans cette île.

2° Le gouvernement de Sa Majesté Britannique reconnaît la zone d'influence de la France au sud de ses possessions méditerranéennes, jusqu'à une ligne de Say sur le Niger à Barrna sur le lac Tchad, tracée de façon à comprendre dans la zone d'action de la compagnie du Niger tout ce qui appartient équitablement au royaume de Sokoto, la ligne restant à déterminer par des commissaires à désigner.

Le gouvernement de Sa Majesté Britannique s'engage à nommer immédiatement deux commissaires, qui se réuniront à Paris avec deux commissaires nommés par le gouvernement de la République Française dans le but de fixer les détails de la ligne ci-dessus indiquée. Mais il est expressément entendu que, quand même les travaux des commissaires n'aboutiraient pas à une entente complète sur tous les détails de la ligne, l'accord n'en subsisterait pas moins entre les deux gouvernements sur le tracé général ci-dessus indiqué.

Les commissaires auront également pour mission de déterminer les zones d'influence respectives des deux pays dans la région qui s'étend à l'ouest et au sud du moyen et du haut Niger.

SALISBURY

Londres, le 5 août 1890.

CONVENTION FRANCO-ALLEMANDE

*S. E. M. Herbette, ambassadeur de France à Berlin, à
S. E. le baron de Marschall, secrétaire d'Etat pour les
Affaires étrangères.*

Berlin, 17 novembre 1890.

Au cours des entretiens que nous avons eus ensemble
au mois d'août dernier sur les rapports réciproques de
l'Allemagne et de la France à la côte orientale d'Afrique,
Votre Excellence m'a déclaré que le gouvernement impérial était disposé à reconnaître le protectorat de la France
à Madagascar avec toutes ses conséquences.

De mon côté, j'ai été en mesure de vous donner, lors
de notre entretien du 6 de ce mois, l'assurance que dans
ces conditions le gouvernement de la République Française n'élèverait pas d'objection contre l'acquisition par
l'Allemagne de la partie continentale des Etats du sultan
de Zanzibar ainsi que de l'île de Mafia.

Il a d'ailleurs été entendu que les ressortissants allemands à Madagascar et les ressortissants français dans

les territoires cédés à l'Allemagne par le sultan de Zanzibar bénéficieraient sous tous les rapports du traitement de la nation la plus favorisée.

Dans la but de consacrer définitivement le complet accord des deux gouvernements sur les points ci-dessus spécifiés, j'ai l'honneur d'adresser à Votre Excellence la présente communication et je vous prie de m'en faire parvenir un accusé de réception confirmatif.

HERBETTE.

S. E. M. le baron de Marschall, secrétaire d'Etat pour les Affaires étrangères, à S. E. M. Herbette, ambassadeur de la République Française à Berlin.

Traduction.

Berlin, 17 novembre 1890.

Le soussigné a l'honneur d'accuser réception à S. E. l'ambassadeur extraordinaire et plénipotentiaire de la République Française, M. Jules Herbette, de la lettre que celui-ci lui a adressée en date de ce jour et de lui faire connaître que le gouvernement impérial adhère aux déclarations qui y sont contenues. Il en résulte que le gouvernement de la République Française n'oppose aucune objection à l'acquisition par l'Allemagne des possessions continentales du sultan de Zanzibar et de l'île de Mafia, et que l'Allemagne, de son côté, reconnaît le protectorat de la France sur Madagascar avec toutes ses conséquences. Il est, de plus, expressément convenu que les ressortissants allemands à Madagascar, les ressortissants français dans les territoires désignés que le sultan de Zanzibar cède à l'Allemagne, jouiront sous tous les rapports du traitement de la nation la plus favorisée.

TRAITÉ DE NANGO

ENTRE AHMADOU ET LE CAPITAINE GALLIENI

(1880)

1º Les Français auront le droit, à l'exclusion de toutes les nations européennes, de s'établir et de fonder des comptoirs dans tout l'empire de Ségou.

2º Ils pourront améliorer les routes et ouvrir des voies commerciales vers le haut Niger.

3º Le Niger est placé dans le protectorat exclusif de la France depuis ses sources jusqu'à Timbouctou.

4º Les Français auront seuls le droit de naviguer et de créer des établissements sur le Niger.

5º Après paiement de la première annuité de la rente, la France pourra, s'il lui convient, entretenir un résident à Ségou, représentant du protectorat français, etc., etc.

Fait à Nango, le 30 novembre 1880.

TRAITÉ AVEC LE KÉNÉDOUGOU [1]

(18 juin 1888)

Gloire à Dieu, maître des mondes, Créateur de tout ce qui existe dans les cieux et sur la terre.

Au nom de la République Française,

Entre M. Gallieni, lieutenant-colonel d'Infanterie de Marine, Chevalier de la Légion d'honneur, Commandant Supérieur du Soudan Français, représenté par M. Septans, capitaine d'Infanterie de Marine, breveté d'Etat-Major, d'une part, et Tiéba, Roi du Kénédougou, représenté par son troisième fils Ahmadou, son neveu Bamba et le chef des griots Oumaron, d'autre part ;

A été conclu le traité suivant :

Art. 1er. — Le Roi du Kénédougou place ses Etats présents et à venir sous le protectorat de la France.

Art. 2. — La République Française promet aide et pro-

(1) Ce traité semble avoir été systématiquement ignoré depuis quatre ans.

tection au Kénédougou dans le cas où les habitants de ce pays seraient menacés, dans leurs personnes ou leurs biens, pour avoir exécuté le présent traité que le roi Tiéba conclut librement avec la France.

Art. 3. — Le Roi du Kénédougou ne pourra désormais conclure d'autre traité qu'après avoir reçu préalablement l'autorisation du Gouvernement français représenté par le commandant supérieur du Soudan français.

Art. 4. — Le Roi du Kénédougou tiendra constamment le commandant de Bammako au courant des événements politiques qui surgiront à l'avenir dans les états voisins du Kénédougou.

Art. 5. — Si les circonstances politiques ou les intérêts commerciaux de la France ou du Kénédougou l'exigent, la France aura le droit de construire des établissements militaires et de créer des grandes voies de communication dans le Kénédougou. Dans ce cas, le roi fournirait les manœuvres.

Art. 6. — Le commerce se fera librement et sur le pied de la plus parfaite égalité entre les habitants du Kénédougou et les Français ou autres indigènes placés sous le protectorat de la France. Le Roi protégera tout spécialement les commerçants français en favorisant leurs transactions non seulement avec le Kénédougou, mais encore avec tous les autres Etats voisins du Kénédougou.

Art. 7. — Le Roi du Kénédougou donnera aide et protection à tous les explorateurs, officiers ou savants, traversant ses Etats.

Il accordera la même protection à tous les courriers et à tous les convois par terre et par eau, venant des ports français établis sur le Dioliba. Les sujets du roi jouiront des mêmes prérogatives sur les territoires français ou placés sous le protectorat de la France.

Art. 8. — Le présent traité, fait en triple expédition, ne sera définitif qu'après approbation du gouvernement de la République Française.

Fait et signé en triple expédition à Dammako, le 7 du mois Choual, 1305 de l'ère musulmane (18 juin 1888).

Ont signé comme témoins :

Desmonts, lieutenant d'Infanterie de marine; Fournier, sous-lieutenant d'Infanterie de marine; docteur Porqués, médecin de 1re classe de la marine; Ousman Mandao, interprète de 1re classe; Médoune-Drop, interprète de 2e classe; Osman, marabout du roi Tiéba; Abderaman, courrier politique.

TRAITÉ DU DAHOMEY
(1890)

En vue de prévenir le retour des malentendus qui ont amené entre la France et le Dahomey un état d'hostilité très préjudiciable aux intérêts des deux pays,

Nous soussignés :

Aladaka et Do-De-Dji, messagers du roi,

Assistés de Cunugan, faisant fonctions de yevoghan; de Zizidogue et Zonouhoucou, tous deux cabecères ;

D'Ainadon, trésorier de la guerre,

Désignés par Sa Majesté le roi Behanzin Ahy-Djéry.

Et

Le capitaine de vaisseau de Montesquiou-Fezenzac, commandant le croiseur *le Roland* ;

Le capitaine d'artillerie de marine Decœur,

Désignés par le contre-amiral de Cuverville, commandant en chef des forces de terre et de mer, faisant fonctions de gouverneur dans le golfe de Bénin, agissant au nom du gouvernement français.

Avons arrêté, d'un commun accord, l'arrangement suivant qui laisse intacts tous les traités ou conventions antérieurement conclus entre la France et le Dahomey.

I. — Le roi de Dahomey s'engage à respecter le protectorat français du royaume de Porto-Novo et à s'abstenir de toute incursion sur le territoire faisant partie de ce protectorat.

Il reconnaît à la France le droit d'occuper indéfiniment Kotonou.

II. — La France exercera son action auprès du roi de Porto-Novo, pour qu'aucune cause légitime de plainte ne soit donnée à l'avenir au roi de Dahomey.

A titre de compensation pour l'occupation de Kotonou, il sera versé annuellement par la France une somme qui ne pourra, en aucun cas, dépasser vingt mille francs (or ou argent).

Le blocus sera levé et le présent arrangement entrera en vigueur à compter du jour de l'échange des signatures. Toutefois cet arrangement ne deviendra définitif qu'après avoir été soumis à la ratification du gouvernement français.

Fait à Whydah, le 3 octobre 1890.

CONVENTION COMMERCIALE

ENTRE L'ÉGYPTE ET LA GRANDE-BRETAGNE

Les Soussignés, Son Excellence Zoulfikar pacha, Ministr e
des Affaires étrangères du Gouvernement de Son Altesse
le Khédive d'Egypte, et Sir Evelyn Baring, G. C. M. G. K.
C. B. K. C. S. I. C. I. E., Ministre plénipotentiaire, Agent
diplomatique et Consul général de Sa Majesté Britannique
en Egypte.

Dûment autorisés par leurs Gouvernements respectifs
et, en ce qui concerne l'Egypte, dans les limites des
pouvoirs conférés par les firmans impériaux, sont con-
venus de ce qui suit :

Article premier. — Il y aura liberté réciproque de
commerce et de navigation entre le Royaume-Uni de
Grande-Bretagne et d'Irlande, et l'Egypte.

Les sujets Britanniques en Egypte et les Egyptiens dans
le Royaume-Uni de Grande-Bretagne et d'Irlande

pourront librement entrer avec leurs navires et leurs cargaisons dans tous les lieux et ports de chacun des deux pays dont l'entrée est ou serait permise aux nationaux du pays, et ils jouiront respectivement, en matière de commerce et de navigation, des mêmes droits, privilèges, libertés, faveurs, immunités et franchises dont jouissent ou pourraient jouir les nationaux du pays, sans qu'ils aient à payer aucune taxe ou droit plus élevés que ceux auxquels ces derniers sont assujettis.

Art. 2. — Les importations dans le Royaume-Uni de Grande-Bretagne et d'Irlande d'un article quelconque, produit du sol et de l'industrie de l'Egypte, de quelque provenance que ce soit, et, réciproquement, les importations en Egypte d'un article quelconque, produit du sol ou de l'industrie du Royaume-Uni de Grande-Bretagne et d'Irlande, de quelque provenance que ce soit, ne seront pas frappées d'autres droits ou de droits plus élevés que ceux dont sont frappées les importations d'articles similaires produits du sol ou de l'industrie de tout autre pays étranger; de même, il ne sera maintenu ou édicté contre l'importation d'un article quelconque, produit du sol ou de l'industrie de l'un ou de l'autre des deux pays contractants, de quelque provenance que ce soit, aucune prohibition qui ne s'appliquerait pas également à l'importation du même article, produit du sol ou de l'industrie de tout autre pays étranger.

Cette dernière disposition n'est pas applicable aux mesures sanitaires et autres interdictions résultant de la nécessité de protéger la santé publique, celle des bestiaux et les plantes utiles à l'agriculture.

Le tabac de toutes espèces, le tombac, le sel, le salpêtre,

le natron et le hachich, les armes de toute nature, les muni-
tions, la poudre et les matières explosibles sont exclus des
stipulations de la présente Convention.

Art. 3. — L'exportation, par l'un des pays contractants,
d'un article quelconque à destination de l'autre pays, ne
pourra être frappée en Egypte et respectivement dans le
Royaume-Uni de Grande-Bretagne et d'Irlande de droits
ou charges autres ou plus élevés que ceux qui sont ou
pourraient être acquittés lors de l'exportation du même
article à destination de tout autre pays étranger; il ne
pourra, non plus, être établi par l'une des parties contractantes, à l'égard de l'autre, aucune prohibition à
l'exportation qui ne soit applicable également à l'exportation du même article à destination de tout autre pays
étranger.

Art. 4. — Les parties contractantes conviennent que,
pour tout ce qui concerne le commerce et la navigation,
tous privilèges, faveurs ou immunités quelconques que
l'une des deux parties contractantes a déjà accordés ou
pourrait ultérieurement accorder aux nationaux de toute
autre puissance, seront, sur la demande de l'autre partie
contractante, étendus immédiatement et sans conditions
aux nationaux de celle-ci, qui, par le seul fait de cette
demande, assumera, pour ce qui concerne les règlements
administratifs des douanes, des gardes-côtes et de la
police, toutes les obligations incombant à la puissance à
laquelle elle demande d'être assimilée.

Art. 5. — Quel que soit le port de départ des navires et
quel que soit le lieu d'origine ou de destination de leur
cargaison, les navires britanniques en Egypte et, réciproquement, les navires égyptiens dans le Royaume-Uni de

Grande-Bretagne et d'Irlande, jouiront, sous tous les rapports, du même traitement que les navires du pays.

Cette stipulation s'applique aux règlements locaux, aux taxes et perceptions dans les ports, bassins, docks, rades et havres des deux pays, au pilotage, et, en général, à tout ce qui concerne la navigation.

Tous les navires qui, d'après les lois britanniques, sont considérés comme navires de nationalité britannique, de même que tous les navires qui, d'après les lois égyptiennes, sont considérés comme navires égyptiens, seront, pour tout ce qui concerne la présente Convention, considérés respectivement comme navires britanniques ou égyptiens.

Cependant, le cabotage, ainsi que la navigation intérieure, sont exclus des stipulations précédentes et restent soumis aux lois respectives des deux pays.

Tous les articles, quels qu'en soient la provenance ou le lieu d'origine, importés ou exportés par les navires des parties contractantes, ne pourront être soumis, dans l'un ou l'autre des deux pays, à des restrictions autres, ou à des droits plus élevés que ceux auxquels seraient assujettis ces mêmes articles dans l'un des deux pays s'ils étaient importés ou exportés par les navires nationaux ou par des navires de tout autre état.

Art. 6. — Les articles ci-après mentionnés, produit du sol ou de l'industrie du Royaume-Uni de Grande-Bretagne et d'Irlande paieront, à leur importation en Egypte, un droit qui ne pourra dépasser 10 pour 100 *ad valorem*, savoir :

1º Métaux bruts, partiellement ou totalement ouvrés, y compris machines et engins mécaniques et pièces de machines et engins mécaniques, machines et outils agricoles, locomotives et voitures de chemins de fer ou tramways, quincaillerie et tous articles fabriqués, principalement en métal, à l'exception de l'or et de l'argent;

2° Coutellerie ordinaire, c'est-à-dire avec manches ou poignées de matière quelconque, à l'exception de l'or, l'argent, la nacre ou l'écaille;

3° Fils et filés, cordages et câbles, tulles, velours et tous autres tissus unis, ouvrés à jour ou de fantaisie, blanchis ou non blanchis, imprimés ou teints, fabriqués avec des fibres végétales quelconques, telles que coton, jute, lin, chanvre, ramie, palmier, aloès ou similaires;

4° Filés et tissus comme ceux énumérés au paragraphe 3, mais fabriqués en laine ou filés de laine, poils de chèvre, de vigogne, de chameau, ou en fibres provenant de tout autre animal, excepté la soie;

5° Tissus mélangés, fabriqués soit avec les matières énumérées aux paragraphes 3 et 4, soit avec adjonction de soie ou de déchets de soie n'excédant que 20 pour 100 du poids total du tissus;

6° Houille;

7° Indigo;

8° Riz;

9° Graines oléagineuses.

Le gouvernement égyptien conserve un droit absolu de taxation sur tous autres articles; les règlements concernant ces autres articles, ainsi que leur tarification, seront applicables aux sujets britanniques dans les mêmes conditions qu'aux nationaux égyptiens ou aux sujets étrangers les plus favorisés à cet égard.

Les droits *ad valorem* perçus en Egypte sur les marchandises, produits du sol ou de l'industrie du Royaume-

Uni de Grande-Bretagne et d'Irlande, seront calculés sur la valeur dans le lieu de chargement ou d'achat de l'article importé, avec majoration des frais de transport et d'assurance jusqu'au port de déchargement en Egypte.

Pour la perception de ces droits, une déclaration écrite, donnant la description des articles importés et leur valeur au lieu de déchargement, devra être remise à la douane par l'importateur.

Les Douanes pourront, en outre, en cas de contestation, exiger la production de tous les documents devant accompagner l'envoi des marchandises, tels que : factures, polices d'assurance, correspondance, etc.

Dans le cas où la valeur déclarée serait jugée insuffisante par les autorités douanières, celles-ci seront libres de prendre les marchandises, en payant à l'importateur le prix déclaré par lui, avec une majorité de 5 pour 100. Ce paiement, ainsi que le remboursement de tous droits quelconques qui auraient pu être perçus sur les dites marchandises, seront effectués dans les quinze jours qui suivront la déclaration.

Les dites autorités auront également le droit de percevoir les droits en nature. Pour percevoir les droits en nature, les douanes auront le droit de choisir les articles, en calculant leur valeur d'après le prix déclaré jusqu'à concurrence du montant des droits à acquitter.

Art. 7. — Afin de fixer, pour une période déterminée, la valeur dans les ports d'entrée des principaux articles taxés *ad valorem*, l'Administration des douanes égyptiennes invitera les principaux commerçants intéressés dans le commerce desdits articles à procéder, en commun avec elle, à l'établissement d'un tarif pour une période n'excédant pas douze mois.

Le tarif ainsi fixé sera, jusqu'à la création d'une Chambre de commerce représentant le commerce général d'Alexandrie, communiqué par les Douanes égyptiennes au Consulat britannique à Alexandrie et sera considéré comme officiellement reconnu en ce qui concerne les produits et les sujets britanniques, si le Consulat n'y fait pas une formelle opposition pendant la quinzaine qui suivra cette communication.

Article 8. — Les droits d'exportation seront perçus en Egypte à un taux qui n'excédera pas 1 pour 100 *ad valorem*.

La valeur des articles exportés sera fixée par la Douane qui, autant que possible, procédera à l'établissement de tarifs périodiques.

Le gouvernement égyptien se réserve le droit d'exiger de l'exportateur la production des preuves de l'acquittement des taxes spéciales intérieures auxquelles les articles destinés à l'exportation pourraient être assujettis ; à défaut de cette preuve, l'exportation desdits articles pourra être interdite.

Les marchandises destinées au transbordement, soit directement, soit après avoir été transportées par la voie ferrée sur le territoire égyptien, ou celles destinées à être placées dans les entrepôts réels, seront libres de tout droit d'importation ou d'exportation, mais les articles destinés à l'usage des navires sur lesquels ils sont chargés seront soumis à un droit équivalent au droit d'exportation, c'est-à-dire 1 pour 100 *ad valorem*.

Art. 9. — Si l'une des parties contractantes établit un droit d'accise, c'est-à-dire une taxe intérieure sur un produit quelconque du sol ou de l'industrie nationale, les articles de même nature importés des territoires de l'autre partie contractante pourront être frappés d'un droit compensateur équivalent, pourvu que les articles de même nature importés de tous autres pays étrangers soient soumis au même traitement.

Dans le cas de réduction ou de suppression des taxes d'accise, c'est-à-dire des taxes intérieures, dans l'un des deux pays, le droit compensateur équivalent perçu dans l'autre pays sur l'importation des produits du sol ou de l'industrie d'origine britannique ou égyptienne, selon le cas, sera, en même temps, supprimé ou réduit dans une mesure correspondante à la réduction opérée sur lesdites taxes d'accise.

Le s règlements concernant les taxes spéciales et les droits accessoires en douane, tels que : droit de factage, d'entrepôt, de dépôt, droit de quai, de grues, d'écluse, de « tankin » de plombage, de laisser-passer, de déclaration, de pesage, de mesurage et tous autres droits, seront appliquées par les Douanes de chacune des deux parties contractantes aux nationaux et aux marchandises de l'autre pays comme à ses propres nationaux et aux marchandises du pays même.

Les dispositions qui précèdent n'affectent en rien le droit des municipalités et des communes de frapper, à leur profit, de taxes d'octroi ou d'accise les boissons et liquides, les comestibles, les fourrages, les combustibles, et les matériaux de construction, à leur entrée dans la municipalité ou la commune, pour y être consommés, quand bien même ces articles n'auraient pas de similaires en Egypte.

Art. 10. — Les articles passibles de droits, et servant soit de modèles soit d'échantillons, qui seront introduits dans le Royaume-Uni par des voyageurs de commerce égyptiens, ou en Egypte par des voyageurs de commerce du Royaume-Uni, seront admis en franchise à condition de satisfaire aux formalités suivantes, qui seront requises pour assurer leur réexportation ou leur mise en entrepôt :

1° Les préposés des Douanes de tout port ou lieu dans lequel les modèles ou échantillons seront importés, constateront le montant du droit applicable auxdits articles. Le voyageur de commerce devra déposer, en espèces, le montant desdits droits au bureau de la douane, ou fournir une caution valable.

2° Pour assurer leur identité, chaque modèle ou échantillon séparé sera, autant que possible, marqué au moyen d'une estampille ou d'un cachet y apposé.

3° Il sera délivré à l'importateur un permis ou certificat qui donnera :

a) Une liste des modèles ou échantillons importés, spécifiant la nature des articles, ainsi que les marques particulières qui peuvent servir à la constatation de leur identité ;

b) Un état indiquant le montant du droit dont les modèles ou échantillons sont passibles, et spécifiant si ce montant a été déposé en espèces, ou garanti par caution ;

c) Un état indiquant la façon dont les modèles ou échantillons ont été marqués ;

d) La limite de temps qui, en aucun cas, ne pourra dépasser douze mois, à l'expiration de laquelle, s'il n'est

pas prouvé que les modèles ou échantillons ont été antérieurement réexportés ou mis en entrepôt, le montant du
droit déposé sera versé au Trésor ou recouvré s'il en a été
donné caution. Il ne sera exigé de l'importateur aucuns
frais pour la délivrance du certificat ou permis, non plus
que pour l'estampille destinée à la constatation de l'identité.

4º Les modèles ou échantillons pourront être réexportés
par le bureau de douane d'entrée, ou par tout autre
bureau.

5º Si avant l'expiration de la limite de temps fixée
(paragraphe 3-*d*) les modèles ou échantillons étaient présentés à la Douane d'un port ou lieu quelconque pour être
réexportés ou entreposés, les préposés de la douane de
ce port ou de ce lieu devront s'assurer, par une vérification, si les articles qui leur sont présentés sont bien
ceux pour lesquels a été délivré le permis d'entrée. S'ils
reconnaissent les articles, les préposés de la Douane certi-
fieront la réexportation ou la mise en entrepôt et rem-
bourseront le montant des droits déposés ou prendront
les mesures nécessaires pour la décharge de la caution.

Art. 11. — Sont seuls exemptés de toute vérification
dans les Douanes Egyptiennes, aussi bien que du payement des droits, à l'entrée et à la sortie, les objets et
effets personnels appartenant aux consuls généraux et
consuls de carrière qui n'exercent aucune autre profession, ne s'occupent ni de commerce ni d'industrie, et ne
possèdent ni n'exploitent de biens-fonds en Egypte.

Art. 12. — Les deux gouvernements contractants ont,
chacun, le droit de mettre en vigueur tous règlements
quelconques destinés à assurer le bon fonctionnement de

leurs services, à réprimer la fraude, aussi bien que d'appliquer toutes mesures intéressant l'hygiène publique ou la sécurité du pays, à condition que ces règlements soient également applicables aux navires et aux sujets de toute autre nation.

Lesdits règlements, y compris la surveillance des navires, la recherche ou la poursuite des marchandises de contrebande, aussi bien que les amendes et autres pénalités applicables en vertu de ces règlements, en cas de fausse déclaration, de contrebande ou tentative de contrebande, de fraude ou tentative de fraude, ou d'infractions quelconques aux règlements, seront, ainsi que les mesures qui pourraient être prises relativement à l'hygiène et à la sécurité publiques applicables aux nationaux de l'un et de l'autre pays dans les mêmes conditions qu'aux nationaux du pays même.

Cependant, si les autorités égyptiennes désirent opérer une perquisition dans l'habitation d'un sujet britannique, ou à bord d'un navire britannique ancré dans un port égyptien, un double du mandat de perquisition devra être envoyé à l'autorité consulaire britannique, qui pourra immédiatement assister à la perquisition si elle le juge à propos, sans que, toutefois, l'exécution puisse être retardée par cette formalité ; de telles perquisitions ne pourront être opérées qu'à partir du lever jusqu'au coucher du soleil.

Il est entendu, néanmoins, que la stipulation précédente ne sera pas applicable dans le cas où la perquisition doit être faite dans un entrepôt ou un dépôt, ou à bord d'un navire qui aurait séjourné, pour une raison quelconque, dans un port égyptien pendant plus de vingt

et un jours; en pareil cas, il ne sera pas nécessaire de no-
tifier la perquisition à l'autorité consulaire britannique.

En outre, il est entendu que le gouvernement égyptien pourra, sans notification aux autorités consulaires
britanniques, placer des gardes à bord de tout navire
britannique dans un port égyptien ou transitant par le
canal de Suez.

En cas de soupçons de contrebande, les agents des
douanes égyptiennes pourront aborder et saisir tout navire britannique d'un tonnage de moins de deux cents
tonneaux, en dehors des eaux d'un port égyptien ou
naviguant dans un rayon de dix kilomètres du rivage ; de
plus, tout navire britannique de moins de deux cents
tonneaux pourra être abordé et saisi au-delà de cette distance, si la poursuite a été commencée dans un rayon de
dix kilomètres du littoral.

Excepté dans les cas prévus dans les paragraphes 3 et 4
du présent article, aucun navire britannique de plus de
deux cents tonneaux ne pourra être abordé ou saisi par
les agents des douanes égyptiennes.

Art. 13. — Les stipulations des articles précédents ne
s'appliquent pas :

1° Aux arrangements spéciaux actuels ou qui pourraient intervenir ultérieurement, soit entre l'Egypte et les
autres parties de l'Empire ottoman, placées sous l'administration directe de la Sublime Porte, soit entre l'E-
gypte et la Perse :

2° Aux dispositions que pourrait prendre le gouvernement égyptien pour l'échange des marchandises indigènes
ou étrangères avec le Soudan.

Art. 14. — L'effet des modifications du présent tarif de

droits, prévues à l'article 6, demeure suspendu jusqu'à ce que lesdites modifications deviennent également applicables aux autres puissances intéressées.

Art. 15. — Les stipulations de la présente Convention seront applicables, dans la mesure compatible avec les lois, à toutes les colonies et possessions étrangères de Sa Majesté Britannique, à l'exception des pays ci-après mentionnés :

> Dominion du Canada ;
> Terre-Neuve ;
> Le Cap ;
> Natal ;
> Nouvelle-Galles du Sud ;
> Victoria ;
> Queensland ;
> Tasmanie ;
> Australie du Sud ;
> Australie Occidentale ;
> Nouvelle-Zélande.

Sous la réserve, toutefois, que les stipulations de la présente Convention seront rendues applicables à celles des colonies ou possessions étrangères ci-dessus désignées, pour lesquelles notification à cet effet serait donnée au gouvernement égyptien par le représentant de Sa Majesté Britannique au Caire, dans le délai d'un an à partir de la date de la signature de la présente Convention.

Art. 16. — La présente Convention entrera en vigueur le 1er janvier 1890 est restera valable pour une période de dix années à partir de cette date ; dans le cas où aucune des deux parties contractantes n'aurait notifié, douze mois avant la date de l'expiration de ladite période de dix années, son intention de mettre fin à la présente Convention, celle-ci demeurera obligatoire jusqu'à l'expiration d'une année à partir du jour où l'une ou l'autre des parties contractantes l'aura dénoncée.

En foi de quoi les Soussignés ont apposé leur signature et le cachet de leurs armes à la présente Convention.

Fait en double, au Caire, le vingt-neuf octobre mil huit cent quatre-vingt-neuf.

Signé : ZOULFIKAR.

(Extrait du *Journal officiel* du Caire du 12 février 1890.)

TABLE DES MATIÈRES

ÉMILE COLIN. — IMPRIMERIE DE LAGNY.

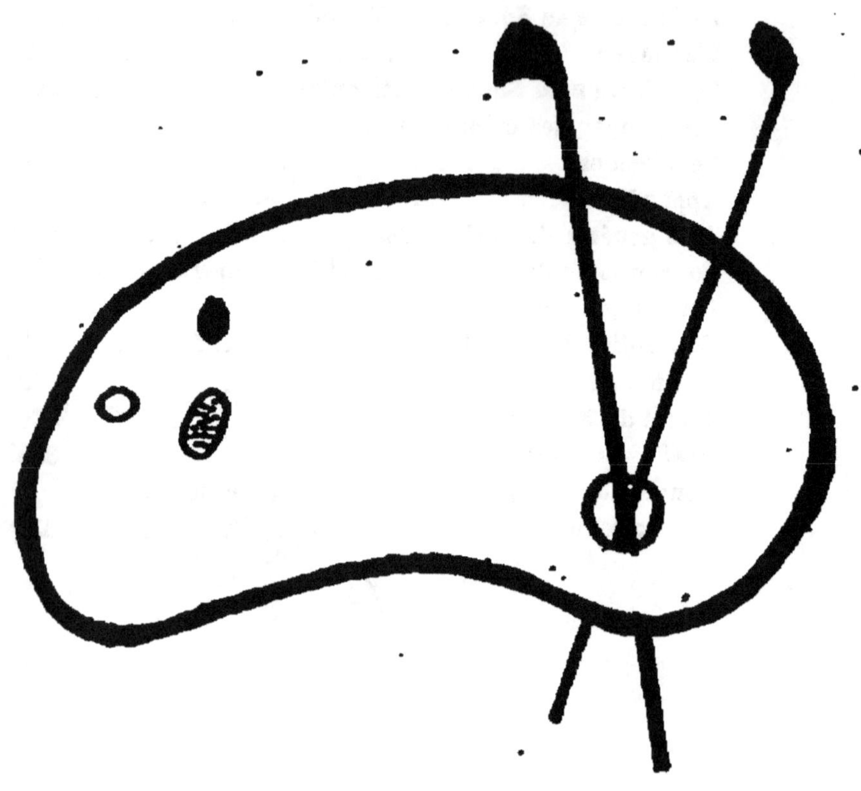